Éric Libiot

Le Cinéma américain

Directeur de collection : François Cazenave

HACHETTE

qui,
quand,
quoi?

En bref

MODE D'EMPLOI
Ce livre répond à toutes vos questions sur le cinéma américain.

Le cinéma américain n'est pas, historiquement, le premier : le cinéma naît en France et à Paris le 28 décembre 1895, lors de la première projection payante jamais organisée. Mais il traversera très vite l'Atlantique. Le cinéma américain n'est pas non plus le premier en nombre de films produits. Mais il est le plus puissant économiquement et artistiquement parlant ; Tom Hanks ou Clint Eastwood sont stars au Brésil et en Afrique comme en Asie. En créant Hollywood en 1907, les Américains ont inventé le star-system et les films à gros budgets, dont le premier du nom est La *Naissance d'une nation* de D.W. Griffith en 1915. Au fur et à mesure des années, un cinéma indépendant se met en place qui, au début des années 1970, fait jeu égal avec les Majors. Les Coppola, Scorsese, Lucas et Tarantino se débrouillent d'abord par eux-mêmes, avant de répondre à l'appel des studios d'Hollywood. Ils y travailleront sans pour autant y perdre leur âme.
Le cinéma américain invente tous les genres : le western avec John Ford et

Howard Hawks, le policier avec John Huston, la comédie avec Frank Capra et Leo McCarey ; la comédie musicale avec Vincente Minnelli et le couple Fred Astaire-Ginger Rogers, le fantastique avec Tod Browning. « Toujours plus » semble être la devise du cinéma américain. Toujours plus d'argent pour les stars, des budgets toujours plus importants, des innovations techniques toujours plus stupéfiantes. Une suprématie toujours plus hégémonique : en France, où le cinéma national résiste tant bien que mal, la part de marché des films américains atteint environ 60 %.
On peut le déplorer. Mais les faits et les chiffres sont là. Et, de toute façon, quand le cinéma américain produit *Jurassic Park* de Steven Spielberg et *Meurtre mystérieux à Manhattan* de Woody Allen, *Apollo 13* de Ron Howard et *Sur la route de Madison* de Clint Eastwood, *Ça tourne à Manhattan* de Tom DiCillo et *Showgirls* de Paul Verhoeven, on ne peut que saluer sa diversité. Diversité qui reste le maître mot du cinéma américain. ❑

ET AUSSI...

Sommaire

Comment ? page 59

Combien ? page 65

Où ? page 71

Index

?

Qui ?

Plus que tout autre, le cinéma américain « starifie » ses comédiens, qui font et qui feront toujours rêver les spectateurs du monde entier. Les générations se succèdent. John Wayne, James Stewart, Cary Grant, Katharine Hepburn laissent place à Paul Newman, Marlon Brando ou Robert Redford, qui à leur tour verront naître Bruce Willis, Meryl Streep, Tom Hanks et Sharon Stone. Quant aux réalisateurs, aux ordres des Majors hollywoodiennes dans les années 1930-1950, ils acquièrent peu à peu leurs statuts d'auteur et de vedette : on parle aussi bien du dernier Stallone ou Willis que du dernier Spielberg ou Tarantino. Tous les réalisateurs et comédiens du cinéma américain ne figurent évidemment pas ici. L'idée est de donner un aperçu des plus célèbres, en privilégiant les vingt-cinq dernières années. On les retrouvera par ordre alphabétique. ❑

WOODY ALLEN
Il joue dans trois films dont il n'est pas le réalisateur : *Tombe les filles et tais-toi* d'Herbert Ross (1972), *Le Prête-Nom* de Martin Ritt (1976) et *Scènes de ménage dans un centre commercial* de Paul Mazursky (1990).

LES RÉALISATEURS

ALLEN, WOODY (1935). Comédien de cabaret, Woody Allen (de son vrai nom Allen Stewart Konigsberg) débute dans le cinéma en réécrivant le scénario de *Quoi de neuf Pussycat ?* (Clive Donner, 1965). Après avoir joué le neveu de James Bond dans *Casino Royal* (film à sketches, 1967), il met en scène son premier film, *Prends l'oseille et tire-toi* (1969). Auteur, réalisateur, interprète de films comiques, il effectue un virage en 1977 avec *Annie Hall*, dont l'humour est empreint de gravité. Après la parenthèse *Intérieurs* (1978), hommage à son maître Ingmar Bergman, il revient à la veine tragicomique pour ne plus la quitter avec *Manhattan* (1979), *La Rose pourpre du Caire* (1985), *Meurtre mystérieux à Manhattan* (1993) et *Coups de feu sur Broadway* (1995).

AVERY, TEX (1907-1980). Les personnages qu'il a créés suffisent presque à situer le monde délirant dans lequel il vivait : Bugs Bunny, Tex, Droopy, Daffy Duck ou Elmer Fudd. Tex Avery est l'anti-Disney par excellence et ses films étaient totalement irréalistes : ainsi, le Chaperon rouge transformé en bombe sexuelle ou le loup dont les

« FAIRE UN FILM REVIENT TOUJOURS UN PEU À CONCOCTER UN BOUILLON DE SORCIÈRE. [...] ON Y MET LA MÊME PASSION, LA MÊME FOLIE QUE LE DOCTEUR FRANKENSTEIN. »
TIM BURTON, *LES CAHIERS DU CINÉMA.*

yeux sortent des orbites. Pendant sa carrière, qui débute en 1930, il réalise environ 130 films de 5 à 8 minutes. Reconnu à la fin des années 1950, son humour iconoclaste et distancié reste un modèle du genre et de nombreux réalisateurs lui rendent hommage : *Qui veut la peau de Roger Rabbit ?* (Robert Zemeckis, 1988) et *The Mask* (Charles Russel, 1994).

BURTON, TIM (1960). Il travaille comme dessinateur chez Disney avant de signer un court métrage, *Vincent* (1982), hommage à Vincent Price, grand comédien de fantastique. Ses deux premiers longs métrages, *Pee Wee's Big Adventures* (1985) et *Beetlejuice* (1988), révèlent un monde burlesque, surréaliste et iconoclaste. Avec *Batman* et *Batman 2, le défi* (1989 et 1992), il réalise deux des plus gros succès du cinéma américain tout en restant fidèle à son univers, mélange d'animalité et d'humanité. Ayant un goût prononcé pour le paradoxe, il réalise *Ed Wood* (1995), une biographie sur ce cinéaste considéré comme le plus mauvais de tous les temps.

CAPRA, FRANK (1897-1991). Il fait ses classes comme gagman d'Harry Langdon pour qui il réalise quelques films. Entré à la Columbia en 1927, il

FRANK CAPRA
Il est le premier réalisateur à voir un de ses films, *New York-Miami* (1934), remporter quatre Oscars : meilleur film, meilleur réalisateur, meilleur acteur et meilleure actrice. Un exploit réédité par Milos Forman pour *Vol au-dessus d'un nid de coucou* (1975) et Jonathan Demme pour *Le Silence des agneaux* (1992).

ANIMATION
Chez Disney, Tim Burton fut assistant animateur sur *Rox et Rouky* (1981) et *Taram et le chaudron magique* (1985).

CHARLIE CHAPLIN
Réalisateur-auteur-interprète de ses films, Charlie Chaplin a également composé la musique du *Gosse, Les Lumières de la ville, Les Temps modernes, Le Dictateur, M. Verdoux, Les Feux de la rampe* et *La Comtesse de Hong Kong.*

s'essaie à plusieurs genres (policier, aventure, mélo) avant de connaître la consécration avec *New York-Miami* en 1934. Il devient alors l'un des cinéastes vedettes d'Hollywood et se met au service des plus humbles : *L'Extravagant M. Deeds* (1936), *Vous ne l'emporterez pas avec vous* (1938), *M. Smith au Sénat* (1939), *L'Homme de la rue* (1941). Pendant la guerre, il supervise la série *Pourquoi nous combattons,* qui célèbre l'engagement des Alliés. De retour à Hollywood il perd les faveurs du public, malgré la réussite de *La Vie est belle* (1947). Il ne tourne plus qu'épisodiquement, signant son dernier film en 1961, *Milliardaire pour un jour.*

CHAPLIN, CHARLES SPENCER (1889-1977). Fils d'artistes de music-hall anglais, il arrive aux États-Unis en 1912 et débute chez Mack Sennett. Il devient le comique le plus populaire des États-Unis et, entre 1912 et 1920, il réalise une cinquantaine de courts métrages ayant Charlot comme héros, avant de passer au long métrage avec *Le Gosse* en 1921. Derrière l'humour se cache toujours la volonté de défendre l'opprimé (*La Ruée vers l'or,* 1925 ; *Les Lumières de la ville,* 1931; *Les Temps modernes,* 1936) ou de dénoncer l'oppression (*Le*

« Je ne pense pas que ce que j'ai fait à Hollywood (être indépendant) puisse être considéré comme un péché : le cinéma doit être libre, le cinéma doit être indépendant [...]»
Francis Ford Coppola, *Les Cahiers du cinéma*, avril 1991.

Dictateur, 1940). Suite à une affaire de mœurs et à l'échec de *M. Verdoux* (1947), il s'enfuit en Europe en jurant de ne plus jamais remettre les pieds aux États-Unis. Il y revient pourtant en 1972 pour recevoir un Oscar spécial. Après *M. Verdoux*, il tourne encore *Les Feux de la rampe* (1952), *Un roi à New York* (1957) et *La Comtesse de Hong Kong* (1967).

COEN, JOEL (1955) ET ETHAN (1957). Joel est plutôt réalisateur et Ethan, producteur, mais ils signent leurs films à deux. Joel est d'abord monteur de *The Evil Dead* (1983) de Sam Raimi, avant que les deux frères n'écrivent *Mort sur le gril* (1985), pastiche de films fantastiques que réalise aussi Raimi. Puis ils passent à la mise en scène et se font remarquer avec un polar noir, *Blood Simple* (1982). Suivront un « road movie » délirant, *Arizona Junior* (1990), et un hommage à Dashiell Hammett, *Miller's Crossing* (1991). Ils décrochent la Palme d'or avec *Barton Fink* (1991) et engagent Paul Newman pour *Le Grand Saut* (1994).

COPPOLA, FRANCIS FORD (1939). Il est formé à l'école Roger Corman, célèbre réalisateur-producteur de séries B à budget réduit, où il réalise *Dementia 13* en 1963. D'abord scénariste de

FRANCIS FORD COPPOLA
Il est le premier metteur en scène à gagner deux Palmes d'or avec *Conversation secrète* (1974) et *Apocalypse now* (1977). également détenteur de deux Palmes : Émir Kusturica avec *Papa est en voyage d'affaires* (1985) et *Underground* (1995), et Bille August avec *Pelle le conquérant* (1988) et *Les Meilleures Intentions* (1992).

VO/VF
C'est Louis Malle qui assure la version française du *Parrain* de Coppola ; Michel Duchaussoy donne sa voix à Marlon Brando et Sylvain Joubert à Al Pacino.

OSCAR FRANÇAIS
La seule actrice française à recevoir un Oscar sera Simone Signoret pour *Les Chemins de la haute ville* de Jack Clayton en 1960. Maurice Chevalier recevra, lui, un Oscar spécial pour sa carrière en 1958.

Propriété interdite de Sydney Pollack (1966) ou de *Paris brûle-t-il ?* de René Clément (1966), il réalise ensuite *Big Boy* (1967) et *La Vallée du bonheur* (1968). En 1969, il fonde avec George Lucas la maison de production American Zoetrope qui produit *THX 1138* (1971) et *American Graffiti* (1973) de Lucas. Il connaît ensuite la consécration grâce au *Parrain* (1972), Oscar du meilleur film en 1972. Commence une période faste : Palme d'or avec *Conversation secrète* (1974), Oscar pour le film et pour lui avec *Le Parrain 2* (1974) et Palme d'or avec *Apocalypse now* (1979). Après l'échec de *Coup de cœur,* il revient à de petites productions (de *Outsiders,* 1983, à *Jardins de pierre,* 1987), clôt sa trilogie du *Parrain* (1990) et retrouve le succès avec *Dracula* (1993).

DISNEY, WALT (1901-1966). En 1923, il fonde les Hollywood Walt Disney Studios et c'est en 1928 avec l'apparition de la souris Mortimer, devenue Mickey Mouse, qu'il rencontre le succès. Jusqu'en 1938, il réalise des courts métrages où la qualité de l'animation atteint des sommets. Il passe au long métrage avec *Blanche-Neige et les sept nains* (1938), qui demeure un modèle du genre. Comme le seront *Pinocchio*

(1940) et *Fantasia* (1940). Mais ce film est un échec et Disney revient à des histoires classiques pour public de 7 à 77 ans : *Dumbo* (1941), *Robin des Bois* (1952), *La Belle et le clochard* (1955), *Merlin l'enchanteur* (1963), *Le Livre de la jungle* (1967). Au cours de sa carrière, Disney devient un véritable chef d'entreprise. Il crée des parcs d'attractions, se diversifie dans le film non animé comme *L'Île au trésor* (Byron Haskin, 1950) et les documentaires animaliers. Après sa mort, l'empire Disney continue de tourner et les entrées du *Roi lion* (1994) prouvent que le succès est toujours au rendez-vous.

EASTWOOD, CLINT (1930). Acteur, notamment sous la direction de Sergio Leone, il passe à la mise en scène en 1971 avec le thriller *Un frisson dans la nuit*. Un genre qu'il retrouve pour *La Sanction* (1973), *Firefox* (1982), *Un monde parfait* (1993). Il aborde aussi le western avec *L'Homme des hautes plaines* (1973), *Josey Wales-hors-la-loi* (1976), *Pale Rider* (1985), *Impitoyable* (1992) ; le polar avec *L'Épreuve de force* (1977), *Le Retour de l'inspecteur Harry* (1983), *La Relève* (1990) ; la comédie dramatique avec *Bronco Billy* (1980), le drame avec *Honkytonk Man* (1982) et l'histoire d'amour avec *Sur la route de*

CLINT EASTWOOD
Clint Eastwood, metteur en scène, a d'abord été reconnu en Europe avant de l'être dans son propre pays. C'est au festival de Cannes de 1988, qu'il voit son travail récompensé pour son rôle de Charlie Parker dans *Bird*. Il faut attendre les Oscars 1992 pour voir Eastwood célébré par ses pairs. *Impitoyable* a en effet reçu les Oscars du meilleur film, du meilleur montage, Eastwood celui du meilleur réalisateur, et Gene Hackman celui du meilleur second rôle.

ELIA KAZAN (1909)
Il réalise *Le Lys de Brooklyn* (1945), son premier film, à 36 ans. Homme de théâtre, il dirigera les plus grands : Richard Widmark, *Panique dans la rue* (1950) ; Marlon Brando, *Un tramway nommé Désir* (1951), *Viva Zapata !* (1952), *Sur les quais* (1954) ; James Dean, *À l'est d'Éden* (1955) ; Warren Beatty, *La Fièvre dans le sang* (1961) ; Kirk Douglas et Faye Dunaway, *L'Arrangement* (1969) ; Robert De Niro, *Le Dernier Nabab* (1976). Il est aussi connu pour ses positions pro-maccarthystes, pour son travail à l'Actors Studio d'où sortiront Pacino, Hoffman ou De Niro, et pour son film *America America* (1963), fresque sur sa famille grecque d'Anatolie.

Madison (1995). Il réalise sans jouer *Breezy* (1973) et *Bird* (1988).

FORD, JOHN (1895-1973). Durant sa carrière, de 1917 à 1966, il réalise quelque 140 films. Dont une soixantaine entre 1917 et 1928, où il aborde tous les genres (mélo, comédie, film de guerre) avec une prédilection pour le western, comme en témoigne son film le plus célèbre de cette époque : *Le Cheval de fer* (1924). Entre 1928 et 1941, Ford réalise trois de ses films les plus fameux, *La Chevauchée fantastique* (1939), *Les Raisins de la colère* (1940) et *Qu'elle était verte ma vallée* (1941), pour lequel il remporte l'Oscar. Après la guerre, il continue dans le western avec *La Poursuite infernale* (1946), *Le Massacre de Fort Apache* (1948) et *La Charge héroïque* (1949), et rend hommage à ses racines irlandaises avec *L'Homme tranquille* (1952). En fin de carrière, il signe un film pro-indien, *Les Cheyennes* (1964).

GRIFFITH, DAVID WARK (1875-1948). Il est considéré comme l'inventeur du langage cinématographique. Cet ancien acteur est producteur pour la Biograph, avant de signer son premier film en 1908, *The Adventures of Dollie*. Entre 1908 et 1914, il réalise 450 courts métrages, utilisant toutes

« Si un réalisateur blanc fait deux bides, il pourra quand même tourner un autre film. Mais si le réalisateur est noir, on lui dit au revoir. »
Bill Duke, *Max*, septembre 1991.

les ressources du cinéma : le gros plan, le montage alterné, la profondeur de champ… Avec *La Naissance d'une nation* (1915) et *Intolérance* (1916), il réalise les deux premières grosses productions d'Hollywood. En 1931, il tourne son dernier film, *The Struggle*, et meurt en 1948, quasiment oublié.

HITCHCOCK, ALFRED (1899-1980). Consacré dans son pays, l'Angleterre, Alfred Hitchcok accepte l'invitation que lui fait Selznick en 1940. Pour son premier film hollywoodien, *Rebecca,* il obtient l'Oscar du meilleur film. Mis à part *L'Ombre d'un doute* en 1943 (le film de lui qu'Hitchcock préfère), il tourne des films mineurs jusqu'aux *Enchaînés* (1946). En 1950, il devient producteur et alterne le cinéma avec sa série télé « Alfred Hitchcock présente ». Avec *Sueurs froides* (1958), il signe un tiercé gagnant qui compte *La Mort aux trousses* (1959) et *Psychose* (1960). Ses derniers films, *L'Étau* (1969), *Frenzy* (1972) et *Complot de famille* (1976), sont des échecs. Quelques mois avant sa mort, il reçoit un Oscar spécial pour l'ensemble de son œuvre.

HUSTON, JOHN (1906-1987). Fils du comédien Walter Huston, John débute comme scénariste (*High Sierra* de Raoul Walsh), avant de réussir son en-

ALFRED HITCHCOCK
Il a réalisé le remake d'un de ses films : *L'Homme qui en savait trop* (1934 et 1956). Tout comme Cecil B. De Mille avec *Les Dix Commandements* (1923 et 1956), Leo McCarey avec *Elle et Lui* (1939 et 1957) et Frank Capra avec *Grande Dame d'un jour* (1933) et *Milliardaire pour un jour* (1961).

BAISER
Pour éviter la censure, le baiser le plus long de l'histoire du cinéma (qui dure 2 mn30 dans *Les Enchaînés)* est entrecoupé de dialogues.

FAMILLE
John Huston a dirigé son père Walter dans *Le Trésor de la Sierra Madre* (1948), sa fille Angelica dans *Promenade avec l'amour et la mort* (1969), *L'Honneur des Prizzi* (1985) et *Les Gens de Dublin* (1987) et a écrit le scénario du film de son fils Dany, *Mr North* (1988), avec Angelica.

RETOUR
Après *L'Invraisemblable vérité,* son dernier film américain, Fritz Lang revient en Allemagne pour tourner *Le Tigre du Bengale* (1959) et sa suite *Le Tombeau hindou (id.)*, inspiré du scénario qu'il avait écrit avec sa femme Thea von Harbou, en 1921,et que réalisa Joe May *(Le Tombeau hindou)*. Son dernier film est *Le Diabolique Docteur Mabuse.*

trée comme metteur en scène avec *Le Faucon maltais* en 1941. Conteur dans l'âme, John Huston touche à tous les genres. Le western : *Le Trésor de la sierra Madre* (1948) ; *Juge et Hors-la-loi* (1972). L'aventure : *African Queen* (1952) ; *Moby Dick* (1956) ; *L'Homme qui voulut être roi* (1975). Le drame psychologique : *La Nuit de l'iguane* (1964) ; *Reflets dans un œil d'or* (1967). Le fantastique : *Phobia* (1980). La comédie musicale : *Annie* (1982). Il clôt sa carrière avec une magnifique réflexion sur la mort : *Les Gens de Dublin* (1987), d'après James Joyce.

LANG, FRITZ (1890-1976). En 1933, Fritz Lang quitte son pays pour fuir le nazisme et s'installe aux États-Unis après une courte parenthèse française. Il y met en scène ses obsessions : la fatalité, le bien et le mal, la volonté de puissance, à travers des films de genre comme le policier, *J'ai le droit de vivre* (1937), *Le Démon s'éveille la nuit* (1952), *La Cinquième Victime* (1956), *L'Invraisemblable Vérité* (1956) ; ou le western, *Le Retour de Frank James* (1940), *Les Pionniers de la Western Union* (1941), *L'Ange des maudits* (1952). Après *L'Invraisemblable Vérité,* il retourne en Allemagne terminer sa carrière.

« Pour moi, le cinéma est un vice. Je l'aime beaucoup, infiniment. J'ai souvent écrit qu'il est un art de notre siècle. Et il doit être critique. » Fritz Lang, *La politique des auteurs*, Ouvrage collectif, Champ Libre, 1972.

LUBITSCH, ERNST (1892-1947). C'est en 1922 que Mary Pickford, la première grande star féminine américaine, engage ce cinéaste autrichien pour *Rosita*. Celui qui deviendra le prince de la comédie s'envole alors pour les États-Unis où son ironie et son humour font merveille. On doit à Lubitsch des comédies sophistiquées : *Haute Pègre* (1931), *La Huitième Femme de Barbe-Bleue* (1938), *Ninotchka* (1939), *Rendez-vous* (1940), *Le ciel peut attendre* (1943). Derrière ces œuvres se cache une critique en règle de l'« American way of life » et de l'individualisme. Lubitsch n'a pas son pareil pour traiter de sujets sérieux et graves avec humour. Pour preuve : *Jeux dangereux* (1942), satire du nazisme.

LUMET, SIDNEY (1924). Après des débuts à la télé, il aborde le cinéma avec *Douze Hommes en colère* (1957), plaidoyer contre la peine de mort. Lumet est l'homme des films à thèse dénonçant le totalitarisme militaire, *La Colline des hommes perdus* (1965), le racisme, *Prêteur sur gages* (1965), ou la toute-puissance des médias, *Network* (1976). Il réalise aussi des films policiers, *Un après-midi de chien* (1975), *Le Prince de New York* (1981), *The Verdict* (1982), *Contre-enquête* (1990), qui dépeignent

ERNST, MAURICE, GRETA, OTTO

Ernst Lubitsch a dirigé cinq fois Maurice Chevalier, dans *Parade d'amour* (1929), premier film parlant du metteur en scène, *Paramount en parade* (film à sketches, 1930), *Le Lieutenant souriant,* (1931), *Une heure près de toi* (1932), *La Veuve joyeuse* (1934). Il a réussi l'exploit de faire rire Greta Garbo dans *Ninotchka* (1939). Lubitsch est mort le 30 novembre 1947 pendant le tournage de son dernier film, *La Dame au manteau d'hermine,* qu'Otto Preminger finit de réaliser.

DERNIÈRE

Peter Finch joue pour la dernière fois dans *Network* de Sidney Lumet. Il se verra décerner un Oscar à titre posthume pour ce rôle.

OLIVER STONE
Il est le producteur de plusieurs films qu'il n'a pas réalisés : *Blue Steel* de Kathryn Bigelow (1990), *Le Mystère von Bülow* de Barbet Schroeder (1990), *Zebrahead* d'Anthony Drazan (1992), *South Central* de Steve Anderson (1992), *Le Club de la chance* de Wayne Wang (1993), *The New Age* de Michael Tolkin (1994).

l'Amérique et les rapports entre la pègre et le pouvoir.

SCORSESE, MARTIN (1942). Il fait partie de ces metteurs en scène qui démarrent au début des années 1970 et créent une sorte de nouvelle vague du cinéma indépendant qui filme dans la rue et aborde des sujets sociaux ou politiques comme la violence urbaine dans *Mean Streets* (1973) ou *Taxi Driver* (1976). Le tout empreint chez Scorsese d'une rédemption qui est la marque de ses personnages : *After Hours* (1985), *Les Affranchis* (1990), *La Dernière Tentation du Christ* (1988). Même quand il aborde le film à costumes avec *Le Temps de l'innocence* (1993), ses personnages portent leur faute comme d'autres leur croix.

SPIELBERG, STEVEN (1947). Mis à part ses quelques échecs, *1941* (1979), *L'Empire du soleil* (1987) ou *Always* (1989), tous ses films atteindront des sommets au box-office. C'est avec *Duel* (1973), film de télévision exploité au cinéma, que Spielberg se fait remarquer, et après *Sugarland Express* (1975), il décroche le jackpot avec *Les Dents de la mer* (1975). Son talent de conteur, son goût pour l'aventure et son âme d'enfant lui permettent de satisfaire tous les publics de 7

« L'AMÉRIQUE DES ANNÉES 1970, C'ÉTAIT L'ESPOIR, LA BATAILLE ENTRE L'ORDRE ET LA LIBERTÉ. ET CHAQUE FILM QUE JE FAIS ESSAIE DE METTRE CETTE OPPOSITION EN ÉVIDENCE [...] »
OLIVER STONE, *MAX*, MAI 1991.

à 77 ans, avec notamment la trilogie *Indiana Jones* (1981, 1984, 1989), *Rencontres du troisième type* (1980) ou *E.T.* (1982). Longtemps boudé par ses pairs, il trouve la consécration professionnelle avec *La Liste de Schindler* (1993), grâce auquel il reçoit l'Oscar.

STONE, OLIVER (1946). Il démarre comme scénariste remarqué de *Midnight Express* (Alan Parker, 1978), *Scarface* (Brian De Palma, 1983) ou *L'Année du dragon* (Michael Cimino, 1985), avant de réaliser *Salvador* (1985). Suivra *Platoon* (1986), premier volet de sa trilogie sur le Vietnam qui compte *Né un 4 juillet* (1989) et *Entre ciel et terre* (1993), où il dénonce la politique américaine. Ses autres films le définissent comme un cinéaste engagé qui se plaît à traiter de grands sujets : le pouvoir de l'argent, *Wall Street* (1987) ; la légende Jim Morrisson, *Les Doors* (1991) ; l'assassinat de Kennedy, *JFK* (1991) ; la violence médiatisée, *Tueurs nés* (1994).

TARANTINO, QUENTIN (1963). C'est dans un vidéoclub où il travaille que Quentin Tarantino écrit les scénarios de *True Romance* (1993) et de *Tueurs nés* (1994), réalisés respectivement par Tony Scott et Oliver Stone. Il passe à la mise en scène avec *Reservoir Dogs*

QUENTIN TARANTINO
Grand cinéphile, Quentin Tarantino donne à Bruce Willis dans *Pulp Fiction* l'apparence d'Aldo Ray dans *Nightfall* de Jacques Tourneur. Quant à la mystérieuse mallette, il faut y voir une allusion à *En quatrième vitesse* de Robert Aldrich. Quentin Tarantino est aussi un grand amateur de bandes dessinées. Consultant au scénario d'*USS Alabama* (Tony Scott, 1995), on lui doit la scène où deux marins s'affrontent à propos du héros BD, *Le Surfer d'argent*.

ORSON WELLES
Pour financer ses films, Orson Welles jouera souvent dans les films des autres. Ainsi tournera-t-il avec cinq réalisateurs français : Sacha Guitry, *Si Versailles m'était conté* et *Napoléon* ; Jean Dréville, *La Fayette* ; Denys de La Patellière, *La Fabuleuse Aventure de Marco Polo* ; René Clément, *Paris brûle-t-il ?* ; Claude Chabrol, *La Décade prodigieuse.*

(1992) et poursuit avec *Pulp Fiction* (1994), Palme d'or à Cannes. Il est également le producteur exécutif de *Killing Zoé* de Roger Avary (1994).

WELLES, ORSON (1915-1985). Homme de théâtre, il se fait connaître en adaptant pour la radio *La Guerre des mondes,* qui déclenche une véritable panique chez les auditeurs. Cet exploit lui vaut de signer un contrat avec la RKO, une des grandes Majors, qui lui donne carte blanche pour un film alors que Welles, âgé de 25 ans, n'a jamais touché une caméra. Ainsi naît *Citizen Kane* (1941), considéré comme un des plus grands films du monde. Mais le public le boude et Welles trouve désormais sur sa route des producteurs qui lui enlèvent le droit de monter ses films. Il désavouera ainsi *La Splendeur des Amberson* (1942) et *Le Criminel* (1946). Après *Macbeth* (1948), il s'en va en Europe finir sa trilogie shakespearienne avec *Othello* (1952) et *Falstaff* (1966). Sa contribution au cinéma (il réhabilite la profondeur de champ, les plongées et contre-plongées, les décadrages) lui vaut la considération des professionnels ; en témoigne *La Soif du mal* (1958) que Welles réalise à la demande expresse de Charlton Heston, vedette du film.

« Tous les ans il y a suffisamment de bons films qui proviennent des studios et qui justifient leur existence. [...] Il y en a également des tas qui sont merdiques et médiocres. »
Quentin Tarantino, *Première*, novembre 1994.

WILDER, SAMUEL, DIT BILLY (1906). Né en Autriche, il commence par travailler en Allemagne, qu'il fuit à l'arrivée d'Hitler. Aux États-Unis, il devient d'abord scénariste de Lubitsch, *La Huitième Femme de Barbe-Bleue* (1938), et *Ninotchka* (1939), et de Hawks, *Boule de feu* (1942), avant de réaliser ses propres films. Billy Wilder aborde alors pratiquement tous les genres avec comme point commun une misanthropie teintée d'un humour noir dévastateur. Il dénonce l'ambition humaine, *Assurance sur la mort* (1944), l'illusion d'Hollywood, *Boulevard du Crépuscule* (1950), ou les mensonges de la presse, *Le Gouffre aux chimères* (1951). On lui doit des comédies, *Certains l'aiment chaud* (1959), *La Garçonnière* (1960), *Embrasse-moi, idiot* (1964), derrière lesquelles se cache une ironie mordante. Avec *La Vie privée de Sherlock Holmes* (1970), il fait du célèbre détective un pervers cynique.

LES ACTEURS

BOGART, HUMPHREY (1899-1957). Jusqu'à *La Grande Évasion* (Raoul Walsh, 1941), Bogart n'est qu'un second rôle aux côtés de James Cagney ou Edward G. Robinson. Après 1941,

HUMPHREY BOGART
Il peut dire merci à George Raft qui refuse le rôle que lui propose Raoul Walsh dans *La Grande Évasion*. Bogart le remplace et le film fait de lui une vedette.

SURNOM
Dans *Le Port de l'angoisse*, Lauren Bacall, dont c'est le premier film, est surnommée Slim, comme la femme d'Howard Hawks, réalisateur du film, qui avait découvert Lauren Bacall sur une couverture de magazine.

MARLON BRANDO
Engagé dans la lutte pour l'intégration des minorités depuis le début des années soixante (il participe même à l'organisation de la marche historique sur Washington pour l'obtention des droits civiques), Brando épousera la cause indienne au grand dam des Américains pour qui la situation des Indiens est un sujet tabou. En 1972, Marlon Brando refuse de recevoir son deuxième oscar pour *Le Parrain*, en protestation contre la politique indienne du gouvernement américain.

il devient une des plus grosses stars américaines, jouant dans plusieurs films noirs, du *Faucon maltais* et de *Key Largo* (John Huston, 1941 et 1948) à *La femme à abattre* (Windust/Walsh, 1951) en passant par *Le Grand Sommeil* (Howard Hawks, 1946). À partir des années 1950, il élargit son registre et on le voit en scénariste ténébreux dans *Le Violent* (Nicholas Ray, 1950), en alcoolique caractériel dans *African Queen* (Huston, 1952), en officier névrosé dans *Ouragan sur le Caine* (Edward Dmytryck, 1954), en metteur en scène dans *La Comtesse aux pieds nus* (Joseph Mankiewicz, 1954). Après l'échec de ce film, Bogart retrouve en fin de carrière les rôles qui l'ont rendu célèbre, comme *La Maison des otages* (William Wyler, 1955) ou *Plus dure sera la chute* (Mark Robson, 1956), son dernier film.

BRANDO, MARLON (1924). Il débute dans *C'étaient des hommes* (Fred Zinnemann, 1950), devient star avec *Un tramway nommé Désir* (Elia Kazan, 1951), réalise un film en 1961 (*La Vengeance aux deux visages*), reçoit deux Oscars pour *Sur les quais* (Elia Kazan, 1954) et *Le Parrain* (Francis Coppola, 1972). Il joue dans cinq

« TOUS LES PRIX SONT RIDICULES [...] POURQUOI NE PAS DÉCERNER UN PRIX AU PEINTRE QUI PEINT LE PLUS VITE DE SA MAIN GAUCHE [...] ? » MARLON BRANDO, *CONVERSATIONS AVEC MARLON BRANDO DE LAWRENCE GROBEL*, ALBIN MICHEL, 1993.

films depuis 1980 : *La Formule* (John G. Avildsen, 1980), *Une Saison blanche et sèche* (Euzhan Palcy, 1989), *Premiers pas dans la mafia* (Andrew Bergman, 1990), *Christopher Columbus : The Discovery* (John Glen, 1992) et *Don Juan De Marco* (Jeremy Leven, 1995). Il symbolise la méthode de l'Actors Studio et on le considère comme le « père » des Newman, Pacino ou Redford.

COOPER, FRANK JAMES, DIT GARY (1901-1961). Avec ses contemporains, James Stewart, Cary Grant ou Gregory Peck, Gary Cooper est l'archétype du héros hollywoodien, honnête, simple et franc dont l'image peut se résumer à un film : *Le Train sifflera trois fois* (Fred Zinnemann, 1952). Gary Cooper est surtout connu pour ses rôles de cow-boys (il commence d'ailleurs sa carrière dans des westerns dès 1925) comme dans *Le Cavalier du désert* (William Wyler, 1940), *Les Conquérants d'un nouveau monde* (Cecil B. De Mille, 1947), *L'Homme de l'Ouest* (Anthony Mann, 1958) ou *La Colline des potences* (Delmer Daves, 1959). Mais son physique d'Américain moyen l'amène aussi à jouer dans des comédies humanistes comme *L'Extravagant M. Deeds*, *L'Homme de la rue* (Frank Capra, 1936

COSTNER, KEVIN (1955)
Il débute dans *Shadows run back* (Howard Heard, 1981, mais distribué en 1986). Puis il tourne dans *Les Copains d'abord* (Lawrence Kasdan, 1983), mais son rôle est coupé au montage. Kasdan se rachète en l'engageant dans *Silverado* (1985). Suivront *Les Incorruptibles* (Brian De Palma, 1987), *Robin des Bois, prince des voleurs* (Kevin Reynolds, 1991), *Bodyguard* (Mick Jackson, 1992), *Un monde parfait* (Clint Eastwood, 1993) et *Waterworld* (Kevin Reynolds, 1995), film dont il est le producteur. Il réalise lui-même *Danse avec les loups* (1990), qui remporte l'Oscar.

ROBERT DE NIRO
Adepte du transformisme, Robert De Niro prend quinze kilos pour jouer Jack La Motta dans *Raging Bull* de Martin Scorsese et vingt pour ressembler à Al Capone dans *Les Incorruptibles* de Brian De Palma.

REMAKE
Sean Connery reprend le rôle de Gary Cooper dans *Outland* de Peter Hyams, remake en science-fiction du *Train sifflera trois fois* de Fred Zinnemann.

et 1941), *La Huitième Femme de Barbe-Bleue* (Ernst Lubitsch, 1938). Paradoxalement, il trouve l'un de ses plus grands rôles dans *Vera Cruz* (Robert Aldrich, 1954) où il joue un personnage antipathique.

CRUISE, TOM (1962). De son vrai nom Thomas Cruise Mapother IV, il débute dans *Un amour infini* (Franco Zeffirelli, 1981), puis enchaîne avec *Outsiders* (Francis Coppola, 1983), *Legend* (Ridley Scott, 1985) et *Top Gun* (Tony Scott, 1986) qui fait de lui une star. Il s'abonne ensuite au succès avec notamment *La Couleur de l'argent* (Martin Scorsese, 1987), *Rain Man* (Barry Levinson, 1988), *Né un 4 juillet* (Oliver Stone, 1989), *Des Hommes d'honneur* (Rob Reiner, 1992), *La Firme* (Sydney Pollack, 1993) et *Entretien avec un vampire* (Neil Jordan, 1994).

DE NIRO, ROBERT (1943). Il débute à 22 ans dans *Trois chambres à Manhattan* de Marcel Carné (1965). Puis Brian De Palma lui offre son premier grand rôle dans *The Wedding Party* (1969). Il fera encore trois films avec De Palma : *Greetings* (1968), *Hi, Mom !* (1970) et *Les Incorruptibles* (1987). Mais c'est surtout sa collaboration avec Martin Scorsese qui le rend célèbre puisqu'ils tournent huit films ensemble : *Mean*

« GARY COOPER EST UN ACTEUR CAMÉLÉON, OU PLUTÔT UNE SORTE DE STRADIVARIUS, BALLOTTÉ D'UN RÉALISATEUR À L'AUTRE, D'UNE ESTHÉTIQUE À L'AUTRE [...]. » LUC MOULLET, *POLITIQUE DES ACTEURS*, LES CAHIERS DU CINÉMA, 1993.

Streets (1973), *Taxi Driver* (1976), *New York, New York* (1977), *Raging Bull* (1980) pour lequel il reçoit l'Oscar du meilleur acteur, *La Valse des pantins* (1983), *Les Affranchis* (1990), *Les Nerfs à vif* (1991) et *Casino* (1996). En 1993, il réalise et produit son premier film, *Il était une fois le Bronx*.

FONDA, HENRY (1905-1982). Comme beaucoup d'acteurs de sa génération, Henry Fonda travaille sous contrat, acceptant, parfois à contrecœur, les films qu'on lui propose. C'est d'ailleurs par refus de ce système qu'il arrête le cinéma entre 1948 et 1955 pour se consacrer au théâtre. Henry Fonda interprétera souvent des personnages honnêtes et intègres avec les plus grands réalisateurs : *J'ai le droit de vivre* (Fritz Lang, 1937), *Vers sa destinée* (John Ford, 1939), *Les Raisins de la colère* (*id.*,1940), *La Poursuite infernale* (*id.*, 1946), *Le Faux Coupable* (Alfred Hitchcock, 1957), *Douze Hommes en colère* (Sidney Lumet, 1957). Il se fera plus rare dans les années 1970 et incarnera, dans *Mon nom est personne* (Tonino Valerii, 1973), un héros qui se retire sur la pointe des pieds. Tout un symbole.

FORD, HARRISON (1942). Il démarre dans *Un truand* (Bernard Girard, 1966), avant d'être engagé par George

HENRY FONDA
Il est le père de Jane et de Peter, respectivement actrice dans *Retour* et interprète-producteur de *Easy Rider*, et le grand-père de Bridget (fille de Peter), vue dans *JF partagerait appartement*.

REPRISE
Harrison Ford a joué l'agent de la CIA Jack Ryan après Alec Baldwin (qui l'incarne dans *À la poursuite d'Octobre Rouge* de Jom McTiernan (1990), et le docteur Richard Kimble, succédant à David Janssen, héros de la série télé *Le Fugitif*, dans le film homonyme.

VOYAGEURS
Parmi les réalisateurs français partis travailler à Hollywood, René Clair qui met en scène *Fantôme à vendre* (1935), *La Belle Ensorceleuse* (1941), *Ma femme est une sorcière* (1942), *C'est arrivé demain* (1944), et Jean Renoir : *L'Étang tragique* (1941), *Vivre libre* (1943), *L'Homme du sud* (1945), *Le Journal d'une femme de chambre* (1946). Francis Veber a réalisé *Welcome to Buzzsaw* (1991) et Jean-Jacques Annaud tourne *Les Ailes du courage* (1995) en IMAX 3D.

CARY GRANT

Lucas pour *American Ggraffiti* (1973) et Francis Coppola pour *Conversation secrète* (1974). C'est aussi un habitué des suites : il joue trois fois le personnage de Han Solo dans *La Guerre des étoiles* (George Lucas, 1977), *L'empire contre-attaque* (Irvin Kerschner, 1980) et *Le Retour du Jedi* (Richard Marquand, 1983) ; trois fois Indiana Jones dans *Les Aventuriers de l'arche perdue* (Steven Spielberg, 1981), *Indiana Jones et le temple maudit (id.,* 1984) et *Indiana Jones et la dernière croisade (id.,* 1989) ; deux fois Jack Ryan dans *Jeux de guerre* (Phillip Noyce, 1992) et *Danger immédiat (id.,* 1994). Son dernier grand succès est *Le Fugitif* (Andrew Davis, 1993).

GRANT, CARY (1904-1986). De son vrai nom Archibald Alexander Leach, il est l'incarnation de l'élégance et du charme qu'il déploie dans de nombreuses comédies : *L'Impossible M. Bébé* (Howard Hawks, 1938), *Indiscrétions* (George Cukor, 1941), *Arsenic et vieilles dentelles* (Frank Capra, 1944) ou *Indiscret* (Stanley Donen, 1958). Grâce à Alfred Hitchcock notamment, son personnage s'étoffe pour devenir plus ambigu ou cynique dans *Soupçons* (1941), *Les Enchaînés* (1946), *La Main au collet* (1955) et *La*

« [...] Si l'on a un acteur de première classe en face de Wayne, il va le bousculer hors de l'écran, pas seulement parce qu'il est bon, mais par sa puissance, sa force. »
Howard Hawks, *Hawks par Hawks*, Ramsay, 1987.

Mort aux trousses (1959). En 1970, on lui décerne un Oscar spécial pour sa carrière. Juste retour des choses car cet immense comédien n'en avait jamais reçu jusqu'alors.

HANKS, TOM (1956). Après un premier film inédit en France, *He knows you're alone* (Armand Mastroianni, 1980), Tom Hanks est découvert dans *Splash* (Ron Howard, 1984) et continue dans des comédies plus ou moins réussies : *Une baraque à tout casser* (Richard Benjamin, 1986), *Big* (Penny Marshall, 1988) ou *Les Banlieusards* (Joe Dante, 1989). Il étend son registre en abordant des rôles plus dramatiques dans *Le Bûcher des vanités* (De Palma, 1990) et *Une équipe hors du commun* (Penny Marshall, 1992), et aligne quatre succès : *Nuits blanches à Seattle* (Nora Ephron, 1993), *Philadelphia* (Jonathan Demme, 1993), *Forrest Gump* (Robert Zemeckis, 1994) et *Apollo 13* (Ron Howard, 1995).

HEPBURN, KATHARINE (1907). Avec la comédienne vedette des années 1940 et le metteur en scène George Cukor, le cinéma se voit doté d'une collaboration fructueuse. Pas moins de huit films : *Héritage* (1932), le premier film de l'actrice, *Les Quatre Filles du docteur March* (1933), *Sylvia Scarlett* (1935),

KATHARINE HEPBURN

Katharine Hepburn et Spencer Tracy forment un des couples les plus célèbres d'Hollywood. Ils ne seront jamais mariés mais ils vivront une grande passion en dehors et à l'écran : *La Femme de l'année* (1942), *La Flamme sacrée* (1943), *Sans amour* (1945), *Le Maître de la prairie* (1947), *L'Enjeu* (1948), *Madame porte la culotte* (1949), *Mademoiselle Gagne-Tout* (1952), *Une femme de tête* (1957), et *Devine qui vient dîner* (1967).

LUNETTES
Pour se donner une démarche hésitante et un air absent dans *Papillon*, Dustin Hoffman s'oblige à porter des lunettes très épaisses à travers lesquelles il ne voit rien.

SUCCESSION
Dustin Hoffman, en 1985, joue Willy Loman dans *Mort d'un commis voyageur*, de Volker Schlöndorff, d'après la pièce d'Arthur Miller, succédant à Frédérick March, dans le film homonyme de Laslo Benedek (1951). Une pièce qu'Hoffman connaît bien puisqu'en 1961 il la joue à la radio en interprétant le rôle secondaire de Bernard, et en 1984, il la joue sur scène à Broadway, cette fois-ci dans le rôle principal.

Vacances (1938), *Indiscrétion* (1940), *La Flamme sacrée* (1943), *Madame porte la culotte* (1949), *Mademoiselle Gagne-Tout* (1952), plus deux films pour la télé. Pendant toute sa carrière, Katharine Hepburn incarne la femme de tête par excellence qui passe de la comédie la plus débridée comme *L'Impossible M. Bébé* (Howard Hawks, 1938) au film d'aventures dramatique comme *The African Queen* (John Huston, 1952) ou au western avec *Une Bible et un fusil* (Stuart Millar, 1981).

HOFFMAN, DUSTIN (1937). Il se retrouve six fois au palmarès des nominations pour l'Oscar du meilleur acteur. Il gagne deux fois pour *Kramer contre Kramer* (Robert Benton, 1979) et *Rain Man* (Barry Levinson, 1988), et perd quatre fois pour *Le Lauréat* (Mike Nichols, 1967), *Macadam cow-boy* (John Schlesinger, 1969), *Lenny* (Bob Fosse, 1974) et *Tootsie* (Sydney Pollack, 1982). On le verra aussi en Indien dans *Little Big Man* (Arthur Penn, 1970), en bagnard dans *Papillon* (Franklin Schaffner, 1973), en journaliste dans *Les Hommes du président* (Alan J. Pakula, 1976), en Capitaine Crochet dans *Hook* (Steven Spielberg, 1991) et en colonel dans *Alerte* (Wolfgang Petersen, 1995).

« Il n'est pas certain que la qualité des scénarios d'aujourd'hui soit pire que dans les années 1960 ou 1970. La plupart du temps, le niveau a toujours été globalement mauvais. » Dustin Hoffman, *Première*, mai 1995.

MONROE, MARILYN (1926-1962). De son vrai nom Norman Jean Mortenson, elle débute comme second rôle dans *Quand la ville dort* (John Huston, 1950), *Ève* (Joseph Mankiewicz, 1950) ou *Chérie, je me sens rajeunir* (Howard Hawks, 1952). C'est avec *Niagara* (Henry Hathaway, 1953), son seul rôle antipathique, puis avec *Les hommes préfèrent les blondes* (Hawks, 1953) qu'elle devient réellement une vedette. Malgré ses efforts, elle ne sortira jamais de ses rôles de sex-symbol un peu sot ou naïf comme dans *Sept Ans de réflexion* de Billy Wilder (1955), *Arrêt d'autobus* de Joshua Logan (1956) ou *Certains l'aiment chaud* de Wilder (1959). Et son rôle le plus dramatique, celui où elle révèle ses talents de comédienne, sera le dernier : *Les Misfits* de John Huston (1961).

MARILYN MONROE
Pour la célèbre scène du métro qui soulève la jupe de Marilyn dans *Sept Ans de réflexion*, le réalisateur Billy Wilder fait bloquer une rue entière de New York et près de 2 000 curieux assistent au tournage.

NEWMAN, PAUL (1925). Il entre à l'Actors Studio en 1952, débute au cinéma en 1955 (*Le Calice d'argent* de Victor Saville), devient célèbre en 1956 (*Marqué par la haine* de Robert Wise), gaucher en 1958 (*Le Gaucher* d'Arthur Penn), joueur de billard en 1961 (*L'Arnaqueur* de Robert Rossen), copain de Redford en 1969 (*Butch Cassidy et le Kid* de George Roy Hill) et en 1973 (*L'Arnaque* de Roy Hill), en

PAUL NEWMAN
Il n'a reçu qu'un seul Oscar pour son rôle dans *La Couleur de l'argent* de Martin Scorcese (1986).

BETTE DAVIS (1908-1989)
Cantonnée aux films médiocres et aux seconds rôles, Bette Davis décide en 1936 de rompre le contrat qui la lie à la Warner. Elle perd son procès, mais ce coup d'éclat lui permet dès lors de jouer de grands rôles : *L'Insoumise* (William Wyler, 1938), *La Vie privée d'Élisabeth d'Angleterre* (Michael Curtiz, 1939), *La Garce* (King Vidor, 1949), *Ève* (Joseph Mankiewicz, 1950)... Elle termine sa carrière aux côtés de la grande Lillian Gish dans *Les Baleines du mois d'août* (Lindsay Anderson, 1987).

core joueur de billard en 1986 (*La Couleur de l'argent* de Martin Scorsese), puis patron en 1994 (*Le Grand Saut* de Joel Coen). Il réalise lui-même cinq films : *Rachel, Rachel* (1968), *Le Clan des irréductibles* (1971), *De l'influence des rayons gamma sur le comportement des marguerites* (1972), *L'Affrontement* (1984) et *La Ménagerie de verre* (1987).

NICHOLSON, JACK (1937). Après quelques films de Roger Corman, prince de la série B, il se fait remarquer dans *Easy Rider* (Dennis Hopper, 1969). Il n'est jamais aussi bon que lorsqu'il joue des personnages excessifs comme dans *Vol au-dessus d'un nid de coucou* (Milos Forman, 1975), film pour lequel il reçoit un Oscar, *Shining* (Stanley Kubrick, 1979), *Batman* (Tim Burton, 1989), *Des Hommes d'honneur* (Rob Reiner, 1992). Mais il sait aussi s'effacer quand les rôles l'exigent : *Chinatown* (Roman Polanski, 1972), *Profession reporter* (Michelangelo Antonioni, 1975), *Le Facteur sonne toujours deux fois* (Bob Rafelson, 1980), *Crossing Guard* (Sean Penn, 1995). Il mettra en scène trois films : *Vas-y, fonce* (1971), *En route vers le sud* (1978) et *The Two Jakes* (1990), qui seront tous des échecs.

« Il y a deux raisons pour lesquelles je fais la promotion [d'un film]. Soit parce que le film est honnête et sincère. Soit parce que je suis intéressé aux bénéfices [...] ».
Jack Nicholson, *Première*, décembre 1995.

PACINO, AL (1940). Pur produit de l'Actors Studio, c'est un habitué des citations et des prix. Quatre nominations à l'Oscar du meilleur acteur pour *Serpico* (Sidney Lumet, 1974), *Le Parrain 2* (Francis Coppola, 1974), *Un après-midi de chien* (Lumet, 1975) et *Justice pour tous* (Norman Jewison, 1979). Deux nominations à l'Oscar du meilleur second rôle pour *Le Parrain* (Coppola, 1972) et *Dick Tracy* (Warren Beatty, 1990). Il reçoit enfin l'Oscar du meilleur rôle pour *Le Temps d'un week-end* (Martin Brest, 1992). On le verra dernièrement dans *L'Impasse* (Brian De Palma, 1994) et *City Hall* (Harold Becker, 1996).

REDFORD, ROBERT (1937). Il réussit à décrocher ses galons de vedette grâce à trois films : *Daisy clover* (Robert Mulligan, 1965), *La Poursuite impitoyable* (Arthur Penn, 1966) et *Propriété interdite* (Sydney Pollack, 1966). Peu à peu se forge l'image d'un acteur humaniste qui défend la cause indienne dans *Willie Boy* (Abraham Polonsky, 1969), l'écologie dans *Jeremiah Johnson* (Pollack, 1969), la démocratie dans *Les Hommes du président* (Alan J. Pakula, 1976) ou combat les systèmes pénitentiaires répressifs dans *Brubaker* (Stuart Rosenberg,

UN RÔLE EN OR
Victorio Gassman en 1975 remporte le prix d'interprétation à Cannes pour son rôle d'aveugle dans *Parfum de femme*. Al Pacino, en 1992, remporte l'Oscar du meilleur acteur pour son rôle d'aveugle dans *Le Temps d'un week-end*, remake de *Parfum de femme*.

ROBERT REDFORD
Il est le producteur de plusieurs documentaires liés à la défense de l'environnement *(The Solar Film, Yosemite, the Face of Heaven)* et de la culture indienne *(Incident à Oglala)*.

SCHWARZENEGGER, ARNOLD (1947). Culturiste, il débute comme acteur dans *Hercule à New York* (Arthur Seidelman, 1970) puis dans des films d'« héroic fantaisy » : *Conan le Barbare* (John Milius, 1982), *Conan le destructeur* (Richard Fleischer, 1984) et *Kalidor (id.* 1985). *Terminator* (James Cameron, 1985) et *Commando* (Mark L. Lester, 1985) l'imposent comme rival de Stallone. Après des comédies comme *Un flic à la maternelle* (Yvan Reitman, 1990), il pulvérise le box-office avec *Total Recall* (Paul Verhoeven, 1990) et *Terminator 2* (Cameron, 1991). Il s'auto-parodie dans *Last Action Hero* (John McTiernan, 1993), mais le film est un échec. Il reprend un rôle à succès dans *True Lies* (Cameron, 1994).

1980). En 1980, il réalise son premier film, *Des gens comme les autres*, et obtient l'Oscar. Il récidive avec *Milagro* (1988), *Au milieu coule une rivière* (1992) et *Quiz Show* (1994).

STALLONE, SYLVESTER (1946). Après quelques petits rôles dans *Adieu ma jolie* (Dick Richards, 1975) ou *La Course à la mort de l'an 2000* (Paul Bartel, 1975), il écrit le scénario de *Rocky* que John Avildsen réalise en 1976. Le film est un succès, il remporte l'Oscar et Stallone devient vedette. Il reprend le rôle de Rocky Balboa pour quatre autres films dont il réalise trois numéros en 1979, 1981, et 1985, le cinquième et dernier étant l'œuvre de John Avildsen (1990). Il continue dans le muscle avec la série *Rambo* (Ted Kotcheff, 1983 ; George Pan Cosmatos, 1986 ; Peter McDonald, 1988). Après une parenthèse dans la comédie qui se solde par des échecs, *L'Embrouille est dans le sac* (John Landis, 1991), *Arrête ou ma mère va tirer* (Roger Spottiswood, 1991), il renoue avec les muscles et le succès grâce à *Cliffhanger* (Renny Harlin, 1993). Mais ses derniers films, *Judge Dredd* (Danny Cannon, 1995) et *Assassins* (Richard Donner, 1995), ne sont pas des réussites.

« MON ACTEUR PRÉFÉRÉ EST JAMES STEWART PARCE QU'IL EST EN ÉQUILIBRE CONSTANT ENTRE LA RÉALITÉ ET LE MONDE COMIQUE. *MONSIEUR SMITH AU SÉNAT* EST LE SUMMUM DE LA COMÉDIE. »

JIM CARREY, *STUDIO*, NOVEMBRE 1994.

STEWART, JAMES (1908). Dans la première période de sa carrière, il est le personnage pur et altruiste par excellence : *Vous ne l'emporterez pas avec vous, M. Smith au Sénat* (Frank Capra, 1938 et 1939), *Indiscrétions* (George Cukor, 1940). Il trouve ensuite l'occasion d'aborder des rôles plus complexes et dramatiques dans le western : *Winchester 73, L'Appât* (Anthony Mann, 1950 et 1953), *Les Deux Cavaliers, Les Cheyennes* (John Ford, 1961 et 1964) et avec Hitchcock : *Fenêtre sur cour* (1954) ou *Sueurs froides* (1958). Il trouve un de ses plus beaux rôles en étant avocat dans *Autopsie d'un meurtre* (Otto Preminger, 1959), puis se fait plus rare dans les années 1970, jouant tout de même face à John Wayne dans *Le Dernier des géants* (Don Siegel, 1976), un film émouvant à l'image des deux comédiens vieillissants.

STREEP, MERYL (1949). Elle débute à l'écran dans *Julia* (Fred Zinnemann, 1977) et se fait remarquer dans la série télévisée *Holocaust* en 1988. Elle est sept fois nominée à l'Oscar : *Voyage au bout de l'enfer* (Michael Cimino, 1978), *La Maîtresse du lieutenant français* (Karel Reisz, 1981), *Le Mystère Silkwood* (Mike Nichols, 1983), *Out of*

SHARON STONE (1958)

Elle est d'abord mannequin, puis Woody Allen lui offre son premier petit rôle dans *Stardust Memories* (1980). Dix ans plus tard, après notamment *La Ferme de la terreur* (Wes Craven, 1981) et *Nico* (Andrew Davis, 1988), elle tourne dans *Total Recall* (Paul Verhoeven, 1990), son premier gros succès d'actrice. Toujours avec Verhoeven, elle devient star grâce à *Basic Instinct* (1992). Suivront entre autres *Sliver* (Phillip Noyce, 1993), *Mort ou vif* (Sam Raimi, 1995) et *Casino* (Martin Scorsese, 1996).

COCORICO

Sharon Stone a joué un petit rôle dans un film français : *Les Uns et les Autres* (1981) de Claude Lelouch.

UN PRODUCTEUR CLASSIQUE
Selznick, David O. (1902-1965).est le producteur de la grande époque d'Hollywood par excellence. Tour à tour producteur à la Paramount, vice-président de la RKO, bras droit de Louis B. Mayer à la MGM, il fonde au milieu des années 1930 la Selznick International où il produit le film le plus célèbre de l'histoire d'Hollywood, *Autant en emporte le vent* en 1939. Découvreur de talents, il a fait venir aux États-Unis Alfred Hitchcock, Vivien Leigh et Ingrid Bergman. Il est resté célèbre pour les ordres qu'il donnait, sous forme de mémos adressés à son entourage professionnel. Il se retire au début des années 1960 quand Hollywood perd de sa superbe.

Africa (Sydney Pollack, 1985), *Ironweed* (Hector Babenco, 1987), *Un cri dans la nuit* (Fred Schepisi, 1988) et *Bons baisers d'Hollywood* (Mike Nichols, 1990). Elle est couronnée deux fois par l'Oscar : *Le Choix de Sophie* (Alan J. Pakula, 1982), et *Kramer contre Kramer* (Robert Benton, 1990). Elle termine l'année 1995 par un gros succès, *Sur la route de Madison* de et avec Clint Eastwood.

WAYNE, JOHN (1907-1979). De son vrai nom Marion Michael Morrison, il appartient à l'univers du western qu'il sert du début de sa carrière, avec *La Piste des géants* (Raoul Walsh, 1930), à la fin avec *Le Dernier des géants* (Don Siegel, 1976). Parmi les plus célèbres du genre : *La Chevauchée fantastique* (John Ford, 1939), *Le Massacre de Fort Apache (id.* 1948), *La Rivière rouge* (Howard Hawks, 1948), *La Prisonnière du désert* (Ford, 1956), *Rio Bravo* (Hawks, 1959). Moins subtil que d'autres comédiens contemporains comme James Stewart ou Gary Cooper, John Wayne possède en revanche une stature et une présence que beaucoup d'acteurs peuvent lui envier. En 1960, il réalise *Alamo,* western supervisé par John Ford où il joue au côté de Richard Widmark.

« La différence entre les autres producteurs et moi, c'est que je m'intéresse aux mille et un détails qui entrent dans la fabrication d'un film. [...] » David O. Selznick, *Cinéma Mémos*, Ramsay Poche Cinéma, 1984.

WILLIS, BRUCE (1955). Après ses débuts en détective désabusé dans la série télévisée *Clair de lune,* il est cadre timide dans *Boires et déboires* (Blake Edwards, 1987), ancien du Vietnam dans *Un Héros comme tant d'autres* (Norman Jewison, 1989), journaliste alcoolique dans *Le Bûcher des vanités* (Brian De Palma, 1990), détective privé dans *Le Dernier Samaritain* (Tony Scott, 1991), boxeur dans *Pulp Fiction* (Quentin Tarantino, 1994). Il jouera également trois fois le policier John McClane dans *Piège de cristal* (John McTiernan, 1988), *58 minutes à vivre* (Renny Harlin, 1990) et *Une Journée en enfer* (John McTiernan, 1995), ses plus gros succès.

GÉNÉRATION MONTANTE

DES NOMS À RETENIR. Sandra Bullock *(Speed)*, Linda Fiorentino *(Last Seduction)*, Juliette Lewis *(Tueurs nés)*, Winona Ryder *(Le Temps de l'innocence)*, Steve Buscemi *(Pulp Fiction)*, Johnny Depp *(Ed Wood, Don Juan De Marco)*, Leonardo Di Caprio *(Mort ou vif)*, Brad Pitt *(Légendes d'automne)*, Keanu Reeves *(Speed)*, Tim Roth *(Pulp Fiction)*... ❑

UN PRODUCTEUR INDÉPENDANT
Les films que produit Irwin Winkler, né en 1931, reflètent parfaitement le travail d'un producteur indépendant qui allie le respect de l'auteur avec un sens commercial aigu : *Le Point de non-retour* de John Boorman (1967), *On achève bien les chevaux* de Sydney Pollack (1969), *Rocky* de John G. Avildsen (1976), *New York New York* (1977), *Raging Bull* (1979), *Les Affranchis* (1990) de Martin Scorsese, *L'Étoffe des héros* de Philip Kaufman (1983), *Autour de minuit* de Bertrand Tavernier (1986). Il réalise également trois films, *La Liste noire* (1991), *La Loi de la nuit* (1992) et *Traque sur Internet* (1995).

Quand ?

Les premiers pas, Hollywood, le cinéma parlant, le film noir, l'Actors Studio, la Nouvelle Vague, les ordinateurs. Ce qui symbolise le cinéma américain, c'est sa diversité. Et aussi sa faculté à s'adapter ou parfois à précéder les grands mouvements politiques, économiques ou sociaux de la société américaine. En 1929, le pays est en crise, Hollywood produit du divertissement ; en 1950, la télévision s'installe dans les foyers, le cinéma se montre sur écran géant ; en 1970, Hollywood à son tour est en crise : le cinéma indépendant monte au créneau et passe du studio à la rue ; en 1990, l'ordinateur force la porte des foyers, les cinéastes s'en emparent et font gambader des dinosaures dans un pré *(Jurassic Park)* ou introduisent J.F. Kennedy dans un film *(Forrest Gump)*. ❑

Quand ?

1891
Thomas Edison (1847-1931) invente le Kinétoscope, pendant américain du Cinématographe des frères Lumière. Il est le premier industriel de l'histoire du cinéma américain.

1909
Pippa passes de D.W. Griffith avec Mary Pickford est le premier film auquel le *New York Times* consacre un article en raison de ses innovations techniques.

1914
Projection le 28 février à New York de *Charlot et le parapluie*, quatrième film de Charlie Chaplin qui apparaît pour la première fois en costume de Charlot.

1895-1929 : PREMIERS PAS ET MONTÉE EN PUISSANCE

1896. Suite au succès du cinématographe des frères Lumière en France, l'Américain Thomas Edison, avec son Kinétoscope, lance le cinéma aux États-Unis en 1896. Jusqu'en 1908, date de l'installation à Hollywood de la maison de production La Selig, c'est à New York que le septième art fait ses premiers pas. Les films ressemblent d'abord à des saynètes puis petit à petit un embryon de langage commence à naître notamment dans *L'Attaque du grand train* de H.S. Potter en 1903.

1908. L'industrie se met en place. Et c'est à Hollywood que tout va véritablement commencer. Les grandes compagnies de production voient le jour et permettent aux réalisateurs de tourner des œuvres plus ambitieuses comme *La Naissance d'une nation* en 1915 de D.W. Griffith, le premier des grands films américains. De même qu'en France, l'heure est au mélodrame ou à l'adaptation des grandes œuvres littéraires.

1914. L'Europe est en guerre et les États-Unis, grâce à une production toujours plus importante et à l'en-

« SI VOUS PARLIEZ D'ART AUX RESPONSABLES DES MAJORS, C'EST COMME SI VOUS AVIEZ LANCÉ UNE BOULE PUANTE. »
ÉMIR KUSTURICA, *PREMIÈRE*, NOVEMBRE 1995.

gouement du public, deviennent la première nation du cinéma.

LES ANNÉES 1920. Le burlesque fait école et les premières stars comiques font leur apparition : Mack Sennett, Harold Lloyd, Laurel et Hardy, Charlie Chaplin, Harry Langdon. Après la guerre, de nombreux réalisateurs européens arrivent aux États-Unis, comme Erich von Stroheim et *Les Rapaces* en 1924, Ernst Lubitsch et *Trois Femmes* en 1924, ou Murnau et *L'Aurore* en 1927. Mais les Américains ne sont pas en reste avec Cecil B. De Mille et *Les Dix Commandements* en 1923, King Vidor et *La Grande Parade* en 1925, ou John Ford qui tourne *Le Cheval de fer* en 1924, son premier grand western. Devant la caméra, le star-system se met en place et Rudolph Valentino, Douglas Fairbanks ou Mary Pickford deviennent les coqueluches d'un public avide de rêve et de paillettes.

À la fin des années 1920, deux événements importants se produisent : le cinéma parlant en 1927 et la crise économique en 1929. Le premier va révolutionner le cinéma mondial, sonnant le glas pour de nombreux comédiens et annonçant une nouvelle vague de stars. Le second va influencer la production artistique à venir

1919

Création de United Artists par Charlie Chaplin, Douglas Fairbanks, David W. Griffith et Mary Pickford, qui se veut un contrepoids à la puissance des Majors et affirme privilégier les artistes plutôt que le tiroir-caisse.

1920

Douglas Fairbanks, l'une des premières grandes stars masculines d'Hollywood, joue Zorro dans *Le Signe de Zorro* (Fred Niblo, 1920), D'Artagnan dans *Les Trois Mousquetaires* (*id.*, 1921) et *Robin des Bois* (film homonyme d'Allan Dwan, 1922).

1926

Le 30 août ont lieu les obsèques de Rudolph Valentino, héros de légende qui triompha dans *Le Cheikh* en 1921. 40 000 personnes assistent à ses funérailles et la police dénombre, rien qu'à New York, douze suicides de femmes amoureuses de l'idole.

1927

Le 11 mai, à l'instigation du producteur Louis B. Mayer, est fondée l'Academy of Motion Pictures Arts and Sciences, regroupant 36 membres choisis parmi les réalisateurs, comédiens ou producteurs les plus influents et qui décèlent les films et les talents les plus remarquables de l'année. Les Oscars sont nés.

puisque le public, frappé par la crise, demande encore plus de rêve, encore plus d'évasion.

1930-1949: DU PARLANT AU FILM NOIR

LES ANNÉES 1930. Avec le parlant et la crise, qui frappe durement les Américains en ce début de décennie, deux types de films apparaissent. D'abord un cinéma d'évasion qui permet au public de se plonger dans le rêve et l'aventure. Ensuite un cinéma social et réaliste. Le western, la comédie musicale, le film d'aventures et la comédie légère (qui succède au burlesque) font alors la joie des spectateurs. John Ford tourne *La Chevauchée fantastique*, Raoul Walsh, *Sur la piste des géants*. *Robin des Bois* ressemble à Errol Flynn, Johnny Weissmuller lance son cri de *Tarzan* et Fred Astaire et Ginger Rogers entament leurs premiers pas de danse. À côté du rêve, d'autres films se plaisent à montrer l'Amérique urbaine, la violence ou la pègre avec *Le Petit César* ou *Scarface*, *Je suis un évadé* et *J'ai le droit de vivre*. Ou la condition des ouvriers dans *Les Raisins de la colère* de John Ford en 1940.

LES ANNÉES D'AVANT GUERRE. Elles sont marquées par deux phénomènes.

« Le film noir est, dans une large mesure, antisocial. Même s'il comporte une fin morale, son héros reste ambivalent devant le mal. » Borde-Chaumeton, 1941-1953, *Panorama du film noir américain*, Flammarion.

D'abord la production quasi concomitante de deux films importants : *Autant en emporte le vent*, qui lance la mode des productions en couleur à grand spectacle, et *Citizen Kane* de Welles qui, en dehors de l'aspect artistiquement novateur du film, permet à d'autres cinéastes comme Huston ou Wilder de commencer à prendre plus ou moins de distance avec les studios. Ensuite l'émergence d'un nouveau genre, le film noir, réunion d'un cinéma de distraction et des constats social et réaliste des années 1930 : *Le Faucon maltais*, *Assurance sur la mort*, *Le Grand Sommeil* ou *Le Facteur sonne toujours deux fois* en 1946, archétype du genre. Avec l'engagement des États-Unis dans la guerre, Ford et Capra, notamment, réalisent des films à la gloire des soldats américains.

MACCARTHYSME. À la Seconde Guerre mondiale succède la guerre froide et Hollywood ne sera pas en reste, qui voit déferler la vague de la censure et du maccarthysme en 1950. À cause de leur position plus ou moins pro-communiste, Jules Dassin ou Joseph Losey sont contraints de fuir les États-Unis et des comédiens comme Paul Muni, Edward G. Robinson ou Charles Chaplin voient leur carrière brisée.

1937

Le 21 décembre à Hollywood, soirée de gala pour la projection du premier long métrage parlant de dessin animé. Il est l'œuvre de Walt Disney et s'intitule *Blanche-Neige et les sept nains*. Le film a nécessité trois ans de travail.

1940

À la suite d'une action en justice intentée par le gouvernement, les cinq Majors acceptent d'abandonner leur mainmise sur la distribution des films.

1941

William Randolph Hearst essaie vainement d'empêcher la diffusion en salle de *Citizen Kane* d'Orson Welles, portrait de Charles Foster Kane, un magnat de la presse qui ressemble fortement à Hearst. À sa sortie, le film est boycotté par les journaux de Hearst.

1947

Publication de la liste des dix d'Hollywood accusés d'amitiés communistes par la commission du sénateur McCarthy qui demande qu'ils soient traduits en justice. Parmi eux se trouvent le réalisateur Edward Dmytryk (*Le Bal des maudits, L'Homme aux colts d'or*) et le scénariste Dalton Trumbo (*Exodus, Spartacus*).

1950-1969 : CINÉMA ET TÉLÉVISION

LES ANNÉES 1950. L'apparition généralisée de la télévision dans les foyers va bouleverser le paysage cinématographique de ce début de décennie (le premier journal télévisé aux États-Unis eut lieu en 1943 et la première émission publique en couleurs en 1951). Pour combattre le petit écran, le cinéma se fait encore plus grand en inventant le CinémaScope (1953) et la couleur se généralise (procédé Eastmancolor en 1951). Sur l'écran c'est la mode des péplums comme *Les Dix Commandements* (1956), des films d'aventures épiques comme *Les Vikings* (1958) et bien sûr des westerns où les paysages trouvent un écran à leur taille : *La Prisonnière du désert* (1956), *L'Homme de l'Ouest* (1958), *Les Sept mercenaires* (1960). La comédie musicale profite aussi de ce retour du grand spectacle, avec notamment *Chantons sous la pluie* (1952) et *Tous en scène* (1953).

À l'extérieur, la guerre froide est à l'ordre du jour et sur l'écran on voit apparaître des films de science-fiction, *Le Jour où la terre s'arrêta* (1951), *L'Invasion des profanateurs de sépultures*

« Les spectateurs qui vont au cinéma [...] vont voir des choses extraordinaires, des cauchemars. Mes films ne sont pas des tranches de vies mais des tranches de gâteau. »
Alfred Hitchcock, *La politique des auteurs*, Champ Libre, 1972.

(1956), où les méchants extraterrestres ne sont ni plus ni moins que les communistes. Toujours en rapport avec la politique, les premiers westerns pro-indiens sont réalisés : *La Flèche brisée* (1950), *Bronco Apache* (1954), ou *Le Jugement des flèches* (1956). Puis, dans les années 1960, viennent les films ouvertement antiracistes traités dans le genre policier comme *Dans la chaleur de la nuit* (1967) ou en comédie comme *Devine qui vient dîner* (1967), deux films avec Sidney Poitier en vedette.

LES ANNÉES 1960. À côté des grandes productions américaines se met en place un cinéma indépendant avec Sidney Lumet (*L'Homme à la peau de serpent*, 1960), Elia Kazan (*America, America*, 1963) ou Richard Brooks (*Lord Jim*, 1965) qui préfigure le cinéma des années 1970. Il faut dire que le cinéma américain de la fin des années 1960 est fortement influencé par la Nouvelle Vague européenne et française. Et les cinéastes phares des années 1970, Coppola, Scorsese ou Lucas, se sont nourris de Godard et Truffaut. À Hollywood, le star-system brûle de ses derniers feux, les grandes vedettes des années 1930-1950 vieillissent et la génération montante

1958

La censure française interdit *Les Sentiers de la gloire* de Stanley Kubrick, film critique sur le comportement des officiers français pendant la guerre 14-18, et *China Gate* de Samuel Fuller qui évoque la guerre d'Indochine.

1959

Ben Hur de William Wyler remporte 12 Oscars ! Le film a coûté 15 millions de dollars (à l'époque) et en a rapporté 80.

1961

Des acteurs derrière la caméra : Marlon Brando avec *La Vengeance aux deux visages*, John Cassavetes avec *Shadows*, et Jerry Lewis avec *Le Tombeur de ces dames* et *Le Zinzin d'Hollywood*.

1962
Décès de Frank Borzage (72 ans), Michael Curtiz (74 ans), Charles Laughton (63 ans), Marilyn Monroe (36 ans).

1968
George Romero tourne *La Nuit des morts-vivants*, classique du film gore, pour 114 000 dollars. Il en rapportera 12 millions.

1972
Pour la sortie du *Parrain* de Coppola, la Paramount inaugure une formule : nombre élevé de salles (365), maximum de spectateurs le plus rapidement possible, et budget publicitaire important. Le film est un succès. La formule devient monnaie courante.

(Brando, Redford, Newman) se sent plus à l'aise hors du carcan des Majors. Le code de censure disparaissant, tous les sujets sont ouvertement abordés, que ce soit la sexualité (*Lolita* et *Macadam Cowboy*) ou la violence (*Bonnie and Clyde*, *Le Point de non-retour*). Les années 1960 se terminent avec *Easy Rider* de Dennis Hopper, road movie rock'n'roll, témoin du cinéma indépendant américain à venir.

1970-1995: POLITIQUE ET ORDINATEURS

LES ANNÉES 1970. Elles sont éminemment politiques. Et si le cinéma européen est celui qui reflète le mieux le sentiment de contestation (en France, Italie ou Allemagne), l'américain n'est pas en reste, bien que ce courant ne soit pas majoritaire dans la production. À défaut de la quantité, il y a la qualité. Ces années 1970 donneront à certains cinéastes un statut d'auteur, statut que très peu de leurs confrères possèdent à l'époque florissante d'Hollywood (1935-1955). Scénaristes et souvent même producteurs de leurs films, ces réalisateurs portent un rude coup au classicisme hollywoodien en même temps qu'ils

« J'utilise souvent Hollywood dans mes livres parce que c'est un repaire d'ordures et de pervers fascinant et effrayant, et un bon pourvoyeur d'histoires et de ragots. »
James Ellroy, *Première*, août 1995.

donnent au cinéma indépendant ses lettres de noblesse. Les anciens des années 1960, Arthur Penn (*La Fugue*, 1975 ; *Missouri Breaks*, 1976), Sydney Pollack (*Jeremiah Johnson*, 1972 ; *Nos plus belles années* 1973), Sam Peckinpah (*Les Chiens de paille*, 1971 ; *Apportez-moi la tête d'Alfredo Garcia*, 1974), Sidney Lumet (*Serpico*, 1973 ; *Un Après-midi de chien*, 1975), se joignent à une nouvelle génération de cinéastes qui deviennent rapidement des auteurs vedettes : Francis Coppola (*Le Parrain*, 1972), Steven Spielberg (*Duel*, 1973), George Lucas (*La Guerre des étoiles*, 1977), Woody Allen (*Annie Hall*, 1977), Brian De Palma (*Sœurs de sang*, 1973, *Le Fantôme du paradis*, 1974).

CAISSE DE RÉSONANCE. Durant ces années 1970, l'Amérique n'est pas au mieux de sa forme. En 1972, Nixon démissionne suite à l'affaire du Watergate, et la guerre du Vietnam traumatise la population. Le cinéma, qui a toujours été une caisse de résonance des phénomènes politiques et sociaux, monte au créneau. Outre *Les Hommes du président* de Alan J. Pakula (1976) qui retrace ni plus ni moins l'affaire du Watergate, plusieurs films se font l'écho des préoccupations de la société américaine : la violence et la

1974

Comme dans les années 1930, le cinéma américain produit des films sociaux et politiques en même temps que des œuvres de pure distraction. C'est l'époque, rapide mais lucrative, des films catastrophe qui donnent à des stars vieillissantes l'occasion de se montrer une dernière fois, comme Ernest Borgnine et Shelley Winters dans *L'Aventure du « Poséidon »* (1972), Fred Astaire et Jennifer Jones dans *La Tour infernale* (1974) ou Ava Gardner dans *Tremblement de terre* (1974). C'est aussi celle du retour du film de science-fiction avec *La Guerre des étoiles* ou *Rencontres du troisième type* (1977).

1975

Pour la première fois, un film atteint la barre des 100 millions de dollars de recettes-distributeurs sur le seul marché américain et canadien. Il s'agit des *Dents de la mer* de Steven Spielberg.

1981

Des anciens refont surface : James Cagney, qui n'a pas tourné depuis 1961, revient dans *Ragtime ;* Douglas Fairbanks Jr, invisible depuis 1951, tourne dans *Ghost Story* ; Jerry Lewis, dont le dernier film remonte à 1970, réalise *Au boulot Jerry*...

misère urbaine (*Mean Streets*, *Taxi Driver* de Scorsese, 1973 et 1976), la corruption (*Serpico* de Lumet, 1973), le pouvoir des média (*Network*, de Lumet, 1976), le trafic de drogue (*The French Connection*, de William Friedkin, 1971).

VIETNAM. La guerre du Vietnam devient le sujet de nombreux films avec *MASH* de Robert Altman (1970), *Apocalypse now* de Francis Coppola (1979), *Platoon* d'Oliver Stone (1986), et *Full Metal Jacket* de Stanley Kubrick (1987). Le problème des soldats qui reviennent du Vietnam est également traité dans *Retour* de Hal Ashby (1978), *Voyage au bout de l'enfer* de Michael Cimino (1978) et *Rambo* de Ted Kotcheff (1982) — qui n'a rien à voir avec la caricature de *Rambo 2* et *3* — et *Né un 4 juillet* d'Oliver Stone (1989).

LES ANNÉES 1980. Ronald Reagan, ancien acteur, est président des États-Unis en 1980. La face de l'Amérique et celle du cinéma vont en être changées. Reagan remet à l'ordre du jour le patriotisme et les valeurs morales. Hollywood suit le mouvement. Le héros américain, pur, dur et « self-made-man » est réhabilité à l'image de *Rocky*, héros des ghettos qui devient une star à la force de ses gants de

« Comme Verne s'intéressait aux voyages sous l'eau et sur la lune, [Steven Spielberg] suit les lancements de la navette et nous emmène dans l'espace. »
Jean-Pierre Godard, *Spielberg*, Rivages Cinéma, 1987.

boxe. Le public en est friand, *Rocky* se multiplie cinq fois (1976, 1979, 1981, 1985, 1990). Le héros américain est aussi sauveur du monde à l'image de *Rambo 2* et *3* (1985 et 1988) ou de *Top Gun* (1986). Suivent une pléiade de films de série B où les muscles font office de scénario (cf. Jean-Claude Van Damme et Steven Seagal). Mais le héros courageux peut aussi être doté d'humour comme le prouve *Indiana Jones* dans sa trilogie (1981, 1984, 1989). Durant ces années 1980, le marketing et le tiroir-caisse prennent parfois le pas sur l'imagination. C'est l'époque des suites : *Mad Max 3* (1985), *Les Dents de la mer 4* (1987), *Star Trek 6* ou *Freddy 7* (1995) ! Des remakes comme *Le Facteur sonne toujours deux fois* (1980) ou *Scarface* (1983) Des adaptations de séries télévisées : *Les Incorruptibles* (1987), *Le Fugitif* (1993), *Maverick* (1994), *Mission impossible* (1996).

L'INFORMATIQUE. La plus grande révolution du cinéma, c'est l'arrivée des ordinateurs. Les effets spéciaux deviennent monnaie courante et la surenchère s'accélère. *La Guerre des étoiles*, révolutionnaire à son époque, fait figure de film bricolé. Aujourd'hui,

1985

Des réalisateurs étrangers tournent aux États-Unis. Les Australiens Peter Weir avec *Witness*, Fred Schepisi avec *Plenty*, Bruce Beresford avec *Le Roi David* ; le Russe Andrei Konchalovsky avec *Maria's Lovers* et *Runaway Train* ; le Français Louis Malle avec *Alamo Bay*.

1986

Premiers films colorisés diffusés à la télévision : *La Vie est belle* de Frank Capra, *Le Miracle de la 34e Rue* de George Seaton, *Le Couple invisible* de Norman Z. McLeod et *Le Faucon maltais* de John Huston qui critique violemment ce procédé qui trahit son œuvre.

1990

Distribution record de suites : *Predator 2, Robocop 2, Die Hard 2 (58 minutes à vivre), Delta Force 2, Gremlins 2, Young Guns 2, Retour vers le futur 3, L'Exorciste 3, Le Parrain 3, Rocky 5.*

1991

Premier film du producteur Irwin Winkler avec *La Liste noire*, du chef opérateur Barry Sonnenfeld avec *La Famille Addams*, des acteurs Martin Sheen avec *Cadence*, Sean Penn avec *Indian Runner*, Jodie Foster avec *Le Petit Homme* et Bill Duke avec *La Reine des pommes*.

des gouttes de mercure se transforment en personnage (*Terminator 2*), des dinosaures galopent dans les prés (*Jurassic Park*), un banquier prend la tête du loup de Tex Avery (*The Mask*) et un héros serre la main de John Kennedy (*Forrest Gump*). À la tête de cette industrie se trouve George Lucas et ILM (Industrial Light and Magic), grand prêtre des effets spéciaux.

LES ANNÉES 1990. À côté de ce cinéma classique de pure distraction qui s'est inventé un nouveau genre, « le toujours plus », les indépendants trouvent parfaitement leur place. Le cinéma noir américain affiche une seconde jeunesse après l'explosion des années 1960-1970. Spike Lee tourne *Do the Right Thing* (1989) et *Jungle Fever* (1991), Charles Burnett, *To sleeep with Anger* (1990), John Singleton, *Boyz'n the Hood* (1991), Boaz Yakin, *Fresh* (1994). Le cinéma d'auteur new-yorkais continue : *Mystery Train* de Jim Jarmush (1989), *Crimes et délits* (1990), *Meurtre mystérieux à Manhattan* (1993) de Woody Allen, *Trust me* (1991), *Simple Men* (1992) de Hal Hartley, *Ça tourne à Manhattan* de Tom DiCillo (1995). Il y a bien sûr le phénomène Quentin Tarantino qui en deux films, *Reservoir Dogs* (1992) et *Pulp Fiction* (1994), est

« 90 % DES FILMS NE REMBOURSENT PAS LES INVESTISSEMENTS. 10 % SEULEMENT MARCHENT BIEN. SANS PARLER DE STRATÉGIE, IL FAUT AVANT TOUT UN BON SCÉNARIO AVEC DE L'HUMOUR [...]. »
ARNOLD SHWARZENEGGER, *LA REVUE DU CINÉMA*, OCTOBRE 1991.

devenu cinéaste culte et chef de file du cinéma indépendant. Le cinéma américain aujourd'hui est un peu à l'image de Tarantino qui continue dans l'indépendant avec *Four Rooms* (1996), film à sketches et à quatre mains tourné à New York avec Allison Anders (*Mi Vida Loca*), Roder Rodriguez (*Desperado*) et Alexander Rockwell (*In the Soup*) sans pour autant fermer la porte à Hollywood puisque son nom apparaît au générique comme scénariste ou consultant, témoin *USS Alabama* de Tony Scott (1995). Le cinéma américain vit donc très bien cet équilibre entre *Apollo 13* et *Usual Suspect*, entre *Blockbuster* et petit budget, entre classique et indépendant, entre Hollywood et New York. Le cinéma américain ou la diversité.

LES ANNÉES À VENIR. Que réserve l'avenir au cinéma américain ? Pour la forme, les effets spéciaux ont encore de beaux jours devant eux. Sur le fond l'Internet (les autoroutes de l'information) ou la réalité virtuelle deviennent des sujets de films : *Traque sur Internet* (1995) pour l'un, *Harcèlement* (1994) ou *Johnny Mnemonic* (1995) pour l'autre. Mais, pour l'instant, l'Internet n'a pas d'influence sur la fabrication elle-même, les films interactifs n'ayant pas encore fait la preuve de leur efficacité. ❑

1993

Trois remakes de films français : *Sommersby* de Jon Amiel inspiré du *Retour de Martin Guerre* de Daniel Vigne ; *Nom de code : Nina* de John Badham d'après *Nikita* de Luc Besson ; *Intersections* de Mark Rydell d'après *Les Choses de la vie* de Claude Sautet.

1995

Année Tom Hanks qui, après *Philadelphia* de Jonathan Demme, *Forrest Gump* de Robert Zemeckis, passe une nouvelle fois la barre des 100 millions de dollars de recettes avec *Apollo 13* de Ron Howard.

Quoi ?

Pendant des années (1910-1955), le cinéma américain se résume à un seul mot : Hollywood. Tout y est centralisé, de l'écriture du scénario à l'exploitation du film. Les comédiens et les réalisateurs sont sous contrat pendant sept ans ; les scénaristes vont travailler tous les matins à leur bureau. C'est l'âge d'or du cinéma classique américain. Puis, peu à peu, pour des raisons économiques,artistiques et politiques, un cinéma indépendant, sous l'impulsion de metteurs en scène tels que Coppola ou Lucas, s'affirmera comme une alternative aux films hollywoodiens au début des années 1970. Aujourd'hui, l'équilibre est trouvé. Les comédiens ou réalisateurs optent pour le cinéma de leur choix selon leurs envies ou tempéraments. Et le spectateur aussi. ❑

UN LANGAGE. Edwin Stanton Porter est le premier réalisateur chez qui naît un langage cinématographique. Les historiens considèrent en effet que *La Vie d'un pompier américain* (1903) est le premier film américain à adopter un découpage narratif. Dans *L'Attaque du grand rapide* (1903), Porter élabore une syntaxe cinématographique : panoramique, gros plan, axes de vues différents… que David Wark Griffith enrichira plus tard.

LE CINÉMA CLASSIQUE

DÉFINITION. Ce qu'on appelle le cinéma classique est indéfinissable en une phrase. On peut malgré tout approcher une définition en disant que ce cinéma regroupe à la fois un lieu, une époque, une forme et des genres.

UN LIEU. Le cinéma classique est bien évidemment synonyme d'Hollywood. D'abord parce que c'est là qu'il naît et que le langage cinématographique, sous l'impulsion essentielle de David Wark Griffith, s'y élabore peu à peu, entre 1905 et 1915. Ensuite, parce que le système rationnel de production mis en place par les Majors hollywoodiennes (idée, scénario, tournage, distribution, exploitation) est une des marques de fabrique de ce cinéma.

UNE ÉPOQUE. Le cinéma classique s'épanouit entre 1930 et 1950. C'est l'époque des réalisateurs et comédiens sous contrat avec les Majors et des producteurs tout-puissants.

LA FORME. Pour les producteurs de cette époque, le cinéma est plutôt un objet industriel qu'une forme d'art. Priorité est donnée au tiroir-caisse. Ce qui caractérise formellement ce cinéma, c'est une extrême lisibilité de l'intrigue et un effacement total du metteur en

« D.W. Griffith fut le véritable inventeur du cinéma. Il mériterait [...] d'avoir une statue à son effigie à Hollywood, en or massif de 15 mètres de haut [...] »
Mack Sennett, *Le Roi du comique*, Point Virgule, 1994.

scène qui se met au service de son histoire. Le principe de base étant : présentation des personnages, mise en place de l'enjeu dramatique, déroulement de l'intrigue et dénouement. D'où parfois une certaine uniformisation de la narration des films.

LE GENRE. C'est à cette époque aussi que les différents genres se mettent en place ; notamment le western et le film noir. À chacun de ces genres correspondent différents lieux, personnages, objets ou thèmes qui les définissent presque à coup sûr. Les grands espaces, le cow-boy, les armes, la vengeance pour le western ; la ville, la nuit, le détective, le gangster, la femme fatale, le meurtre, la corruption pour le film noir. S'il a connu son heure de gloire de 1930 à 1950, le cinéma classique n'en a pas pour autant disparu. Les plus gros succès actuels se reconnaissent pour la plupart dans ce cinéma classique. La toute-puissance du marketing, la volonté de suivre les goûts du public rappellent étrangement le système instauré à la grande époque d'Hollywood. Le public ne s'en plaint pas qui fête aussi bien *Forrest Gump* et *Apollo 13* pour le cinéma classique que *Pulp Fiction* et *Sur la route de Madison* pour l'indépendant.

DAVID WARK GRIFFITH
Entre 1908 et 1914, il tourne 450 courts métrages en tous genres (mélo, burlesque, adaptation littéraire). Il met au point, à travers ses films, les bases du cinéma classique. Il étudie l'éclairage dans *Edgar Allan Poe* (1909), la profondeur de champ et le gros plan dans *The Musketeers of Pig Alley* (1912) et s'initie au montage parallèle dans *The Lonedale Operator*. Il réalisera *La Naissance d'une nation* (1915), qui sera un triomphe.

ROGER CORMAN
Né en 1926, est l'exemple type du cinéma indépendant version séries B et Z. En 1953, il fonde l'American International Pictures où il réalise des films dont les titres parlent d'eux-mêmes : *Attack of the Crab Monsters* ou *Naked Paradise.* Émergent surtout de sa production ses adaptations d'Edgar Poe, *La Chute de la maison Usher* (1960) ou *Le Masque de la mort rouge* (1964).

LE CINÉMA INDÉPENDANT

DE TOUT TEMPS. Le cinéma indépendant est lié au fonctionnement et à la vie d'Hollywood. Avant que la capitale californienne ne devienne la Mecque du cinéma, tout le monde fait plus au moins du cinéma en indépendant, chacun essayant de marquer son territoire. Pendant la grande époque hollywoodienne, la concurrence indépendante est exsangue. Il n'y a guère que Charles Chaplin, Douglas Fairbanks, D.W. Griffith et Mary Pickford qui tentent de s'opposer aux producteurs tout-puissants. En 1919, ils créent les Artistes Associés dans le but de privilégier davantage les créateurs. Jusqu'en 1978, où elle connaît de graves difficultés financières suite à l'échec de *La Porte du Paradis*, cette compagnie défendra toujours ce cinéma (de *L'Opinion publique* à *La Comtesse aux pieds nus*, en passant par *Le Cavalier du désert*).

L'ESSOR. Le cinéma indépendant prend vraiment son essor après la guerre, au moment où Hollywood connaît la crise la plus grave de son existence à cause du succès de la télévision, du changement de goût du public, des réalisateurs et des producteurs qui aspirent à plus de liberté. Hollywood

« J'AIME TOURNER VITE, LE PLUS VITE POSSIBLE. À PARTIR DU MOMENT OÙ L'ON CONNAÎT SON MÉTIER, ON NE PREND PAS PLUS DE RISQUES QU'EN SE LIVRANT AUX LENTEURS COQUETTES DE LA SUPERPRODUCTION. » ROGER CORMAN, *CONFESSIONS* 2.

abandonne alors le système des contrats. La brèche est ouverte, des gens comme Sidney Lumet ou John Huston s'y engouffrent à la fin des années 1960, bientôt suivis par Coppola, Scorsese, Lucas au début des années 1970, eux-mêmes relayés aujourd'hui par Jim Jarmush ou Quentin Tarantino. La grande différence entre les films des Majors et les indépendants tient dans le budget des films, avec des coûts de 20 à 40 millions de dollars contre 2 à 3. Sur les sujets traités, la production indépendante se partage en deux. D'une part les films personnels d'auteurs-réalisateurs type Jarmush ou DiCillo, de l'autre la production de séries B à Z qui envahissent les vidéoclubs ou les « Drive in » avec des produits de genres polar, horreur, fantastique, gore…

Mais on ne peut pas opposer brutalement Major et cinéma indépendant. Il n'est pas rare en effet que le département distribution d'une Major s'occupe de la sortie d'indépendants. Et il n'est pas rare non plus que des cinéastes, découverts grâce à la production d'indépendants, aillent faire un tour chez les Majors pour leur second film. C'est en tout cas chez ce cinéma indépendant que se trouvent les réalisateurs de demain. ❑

JOHN CASSAVETES (1929 - 1989)
Il est le symbole du cinéma indépendant d'auteur. Tout d'abord comédien, il réalise *Shadows* (1957) selon la méthode du cinéma vérité. Suivront *Faces* (1968), sur la crise d'un couple, *Husbands* (1970), dérive de trois hommes mariés, *Une Femme sous influence* (1974), déchirant portrait de femme, ou *Opening Night* (1978), hommage pirandellien au théâtre. Enfin, dans *Gloria* (1980), il aborde le film de genre, le polar, tout en gardant sa créativité d'auteur.

Comment ?

Il y a des films, mais il y a aussi des livres. Biographies, dictionnaires, entretiens, mémoires, filmographies analysées, ouvrages universitaires, magazines spécialisés : l'édition de cinéma se porte bien. Tout comme la vidéo qui connaît un essor depuis le début des années 1980 ou le Digital video disc (DVD) qui, dans les années à venir, risque de supplanter la cassette. De nos jours, tout le monde peut se constituer sa vidéothèque idéale ; version française ou originale, grand classique ou série B, western ou comédie musicale. L'Internet se met à l'heure du cinéma et offre des connexions à des serveurs spécialisés. On trouve également aujourd'hui des CD-Rom sur l'histoire du septième art comme sur des acteurs mytiques tels que Marilyn Monroe. ❑

PRESSE

FRANÇAISE

Les Cahiers du cinéma proposent à chaque rentrée un état des lieux du cinéma américain. *Positif* s'attache à des analyses fouillées de réalisateurs. *Première* et *Studio* rendent compte de l'actualité des films américains en France.

AMÉRICAINE

Premiere (version américaine) : 1990 South Bundy Drive, Suite 250, Los Angeles, California 90025.
Variety : 5700 Wilshire Blvd., Suite 120, Los Angeles, California 90036.
Hollywood Reporter : 5055 Wilshire Blvd., Los Angeles, California 90036-4396.

EN SAVOIR PLUS

OUVRAGES GÉNÉRAUX.

Dictionnaire du cinéma, sous la direction de Jean-Loup Passek. 2 volumes. Larousse, 1995. Plus de 5 000 articles : bio-filmographies commentées, histoire des cinémas nationaux et des genres, l'économie, la technique. Un outil de référence indispensable. (Bien acheter la version réactualisée en 1995).

Dictionnaire des films, sous la direction de Bernard Rapp et Jean-Claude Lamy. Larousse, 1995. Plus de 10 000 films sélectionnés, dont certains développés avec une note critique. Essentiel pour retrouver une date, un titre original ou un casting. Là aussi, acheter la version réactualisée en 1995.

Le Cinéma, par Éric Libiot. Collection Qui, Quand, Quoi, Hachette, 1995. Du même auteur que ce livre et dans la même collection, pour en savoir plus sur les techniques, les genres, l'histoire mondiale du septième art.

Chronique du cinéma, sous la direction de Jacques Legrand, Éditions Chronique, 1995. Cent ans de cinéma développés sous forme chronologique, avec des articles importants, théoriques ou anecdotiques.

« La seule méthode que je connaisse pour faire un film,
c'est d'essayer de [...] me penser comme spectacteur.
J'espère que si je suis touché, quelqu'un d'autre le sera. »
Sydney Pollack, *La Revue du cinéma*, mars 1991.

OUVRAGES SPÉCIFIQUES. *50 Ans de cinéma américain* de Jean-Pierre Coursodon et Bertrand Tavernier. Presses de la Cité-Omnibus, 1995. Étude à partir de 1939. Articles généraux sur Hollywood, les studios, le cinéma indépendant ou la censure. Mais l'essentiel de l'ouvrage est un dictionnaire des scénaristes et réalisateurs avec bio-filmographies et études des œuvres. L'analyse y est très subjective mais a le mérite de prendre en considération des cinéastes aujourd'hui oubliés. Là encore, il faut acheter l'édition réactualisée en 1995 (soit, en fait, cinquante-six ans de cinéma américain).

Le Cinéma hollywoodien de Philippe Paraire, Les Compacts Bordas, 1989. Histoire d'Hollywood, études des grands genres, bio-filmographie résumée de 75 réalisateurs et 100 acteurs. S'arrête en 1989.

Hollywood, l'usine à rêves de Christian-Marc Bosséno et Jacques Gerstenkorn. Découvertes Gallimard, 1992. L'histoire d'Hollywood magnifiquement illustrée et maquettée. (À noter dans la même collection plusieurs ouvrages sur le cinéma, le crime à l'écran, l'histoire au cinéma...)

Le Western, quand la légende devient réalité de Jean-Louis Leutrat. Découvertes

Confessions 2 d'Eric Leguèbe. Ifrane Editions, 1995. Interviews réalisées par l'auteur-journaliste de plus de 70 réalisateurs.

CD-ROM
Plus de 900 films américains, Microsoft.
MovieSelect. Filmographies de réalisateurs et comédiens, plus de 44 000 films américains sortis en vidéo et répertoriés par genre avec fiche technique et artistique. *Paramount Interactive*.

Gallimard, 1995. Analyse historique et sociologique du genre américain par excellence.

Le Film hollywoodien classique de Jacqueline Nacache. Nathan Université, 1995. Étude sous une forme universitaire, analytique et sémiologique. Donne une image juste de la période étudiée.

BIOGRAPHIES. La collection Rivages-Cinéma propose des études analytiques sur de grands metteurs en scène : Welles, Ford, Scorsese, Cassavetes, Capra, Lubitsch... Éditions Rivages.

Clint Eastwood de François Guériff, Ramsay Poche Cinéma, 1994. Analyse film par film de l'œuvre de Clint Eastwood par l'un des journalistes qui le connaît le mieux et qui l'a toujours défendu.

Mankiewicz de Pascal Mérigeau. Denoël, 1993. Une biographie passionnante de l'auteur de *Eve*. Ce que l'on fait de mieux dans le genre.

ÉCRITS, ENTRETIENS, DIVERS. Ramsay Poche Cinéma possède une magnifique collection où l'on trouve notamment : *Cinéma* de David O. Selznick, recueil de tous les mémos qu'il a écrits ; *Hollywood story* de Frank Capra, la Mecque du cinéma vue par un de ses plus talentueux réalisateurs ;

RÉSEAUX

MINITEL
3617 Cinéscope propose des génériques techniques et artistiques de plus de 20 000 titres.

BASELINE
Service américain où l'on trouve des bios, filmos, projets, contacts, box office. Une mine d'or. Ce service est disponible avec ordinateur et modem ou sur Internet. Baseline 838 Broadway, New York. NY 10003, tél. (212) 254 82 35.

« IL EST ESSENTIEL QU'UN FUTUR RÉALISATEUR POSSÈDE UNE CULTURE GÉNÉRALE AVANT QU'IL NE PASSE À LA MISE EN SCÈNE. » PAUL MAZURSKY, RÉALISATEUR, *THE COMPLETE GUIDE TO AMERICAN FILM SCHOOLS.*

Hitchcock, livre-entretien entre Alfred Hitchcok et François Truffaut, sans doute l'un des plus beaux livres de cinéma, avec des biographies de Welles par André Bazin, de Marilyn Monroe par Norman Mailer... Éditions Ramsay.

D.W. Griffith, Colloque international sous la direction de Jean Mottet. Publication de la Sorbonne, 1984.

15 ans de cinéma américain, sous la direction de Nicolas Saada. *Les Cahiers du cinéma,* 1995. Entretiens réalisés par les journalistes des *Cahiers*, avec des metteurs en scène de la période 1979-1994.

VIDÉOTHÈQUE IDÉALE. Parmi les centaines de titres disponibles en vidéo, une sélection de grands classiques : *Rio Bravo* d'Howard Hawks, 1959 (Warner), *Laura* d'Otto Preminger, 1944 (PFC Vidéo), *Citizen Kane* d'Orson Welles, 1941 (GCR), *Chantons sous la pluie* de Stanley Donen, 1951 (Warner), *Les Enchaînés* d'Alfred Hitchcock, 1946 (Antares Travelling), *America America* d'Elia Kazan, 1963 (La Sept/vidéo), *La Poursuite infernale* de John Ford, 1946 (Fox Vidéo), *Pulp Fiction* de Quentin Tarantino, 1994 (TF1 Vidéo), *Hello Actors Studio* de Annie Tregot, 1987 (K Films Vidéo), tout sur l'école fondée par Kazan. ❑

INTERNET

Adresse de la boîte aux lettres (email) du magazine *Première* : PREMIERE@premiere.fr Il existe également un service Internet *Première* En Ligne qui offre la possibilité de dialoguer avec la rédaction ou d'autres lecteurs, et de recevoir des informations. Différents abonnements sont proposés. Renseignements : *Première* En Ligne, 249, rue Anatole-France, 92300 Levallois-Perret.

Combien ?

Le cinéma, c'est aussi une industrie, pour reprendre le mot d'André Malraux. Plus que tout autre, le cinéma américain le prouve. Là-bas on parle recettes, dollars et box-office. Là-bas, c'est le pays de la démesure ; les cachets flambent, les budgets des films explosent. À titre de comparaison : *Neuf mois* de Patrick Braoudé coûte 4 millions de dollars, son remake américain, *Neuf mois aussi* de Chris Columbus, 40. Du jamais vu : en 1995, Stallone signe un contrat de 60 millions de dollars pour trois films. Du jamais vu : *Waterworld* de Kevin Reynolds est le film le plus cher de l'histoire du cinéma avec 170 millions de dollars de budget. Les producteurs s'inquiètent de la flambée des coûts. Production, budgets, salaires, fréquentation. Le lecteur trouvera ici quelques chiffres significatifs du cinéma américain. ❑

14,2
millions de spectateurs dans le monde pour *Les Dix Commandements*. Parmi les films américains ayant eu le plus de succès en France : *Ben-Hur* (13,8), *Le Livre de la jungle* (12,5), *Le Jour le plus long* (11, 9), *Les 101 Dalmatiens* (11,6), *Les Aristochats* (10,4), *Les Canons de Navarone* (10,2), *Docteur Jivago* (9,8), *La Grande Évasion* (8,7), *West Side Story* (8,7).

17
millions de dollars pour *La Cage aux folles* . Parmi les films français ayant eu le plus de succès aux États-Unis : *Z* (15), *Un homme et une femme* (13), *Emmanuelle* (11,5), *Cousin Cousine* (8,5).

DES CHIFFRES PARLANTS

LA PRODUCTION. (Les chiffres concernent les films sortis en salles.) Elle ressemble à un véritable yo-yo. En 1940, 477 films sont produits. Chiffre qui chute peu à peu pendant la guerre, pour se stabiliser au début des années 1950 entre 300 et 350. À partir de 1954 (253 films), c'est la descente vertigineuse qui s'accélère pour atteindre 98 films en 1975, record à la baisse absolu. Cette chute s'explique par l'arrivée massive de la télé au début des années 1960 et par la mort lente d'Hollywood qui produit très peu ; les indépendants, pourtant actifs, n'ayant pas le même rythme de production. Après 1975, la production redémarre pour atteindre 224 films en 1985. Un chiffre qui s'explique par une remontée constante de la fréquentation et des records au box-office (le rajeunissement du public qui n'hésite pas à aller voir plusieurs fois un film serait une des explications à cette envolée des recettes des films). Après un long moment de flottement entre 1955 et 1975, l'industrie du cinéma saura donc s'adapter à la nouvelle génération de spectateurs et anticiper ses désirs. Après deux points culminants en 1987 (487 films) et 1989 (446 films), la

« On attend des studios la même croissance que celle de la filiale automobile ou celle de la filiale alimentaire : rapporter le maximum d'argent. C'est le principal enjeu. »
Sydney Pollack, *La Revue du cinéma*, mars 1991.

production se stabilise à la fin de ce siècle autour de 250 films par an.

LES BUDGETS. Les écarts entre les *block-busters* et les films indépendants sont énormes. Pour les premiers, la moyenne des budgets se situe entre 30 et 50 millions de dollars avec parfois des envolées jusqu'à 100 millions. Pour les seconds, c'est entre 2 et 10 millions. Bien évidemment, l'inflation des cachets versés aux stars, qui ne jouent que dans les *blockbusters,* est pour beaucoup dans cet écart. D'autant qu'aujourd'hui les scénaristes s'en mêlent et que les scénarios peuvent dépasser le million de dollars. Le spécialiste étant le romancier John Grisham, auteur et scénariste de *La Firme,* qui verra les droits d'adaptation de son livre *A time to kill* atteindre 3,5 millions de dollars. Cette surenchère est également due aux coûts des effets spéciaux, de plus en plus nombreux dans les films.

LA FRÉQUENTATION. En 1985, 1 056 millions d'Américains vont au cinéma. Ce chiffre ne cessera de décroître pour atteindre 982 millions en 1991. Cette faiblesse de la fréquentation correspond à la hausse des achats et des locations de cassettes vidéo. En 1991, les Américains dépensèrent deux fois plus d'argent dans les vidéoclubs que dans

400

millions de dollars pour *E.T.,* meilleure recette aux États-Unis et au Canada, suivie par *Jurassic Park* (356), *Forrest Gump* (329), *La Guerre des étoiles* (322,7), *Le Roi lion* (312), *Maman, j'ai raté l'avion* (281,5), *Le Retour du Jedi* (263,7), *Les Dents de la mer* (260), *Batman* (252), *Les Aventuriers de l'Arche perdue* (242,4).

60

millions de dollars, tel est le contrat signé en 1995 par Sylvester Stallone, pour trois films. Un record. Mais ses commanditaires voient d'un mauvais œil les échecs de ses deux derniers films : *Judge Dredd* et *Assassins*.

8

millions de dollars, c'est ce que vaut en 1993 l'enfant star Macaulay Culkin. Des échecs répétés et les problèmes liés à la puberté l'ont fait chuté dans le classement.

12

millions de dollars, pour la participation dans *Strip tease* de Demi Moore en 1995.

les salles de cinéma. Depuis, la fréquentation remonte et se stabilise à 1 200 millions de spectateurs en 1994.

LE CINÉMA AMÉRICAIN À L'ÉTRANGER. En 1994, pour la première fois, les recettes-distributeurs étrangères ont dépassé les recettes réalisées aux États-Unis. En France, toujours en 1994, le cinéma américain représente 61% de part de marché. La France résiste mieux que ses partenaires européens puisqu'en Allemagne la part de marché des films américains est de 82% et en Angleterre de 85%.

SALAIRES

EN HAUSSE. Bien que les montants des cachets des stars soient très liés au suc-

Indice de fréquentation cinématographique dans le monde

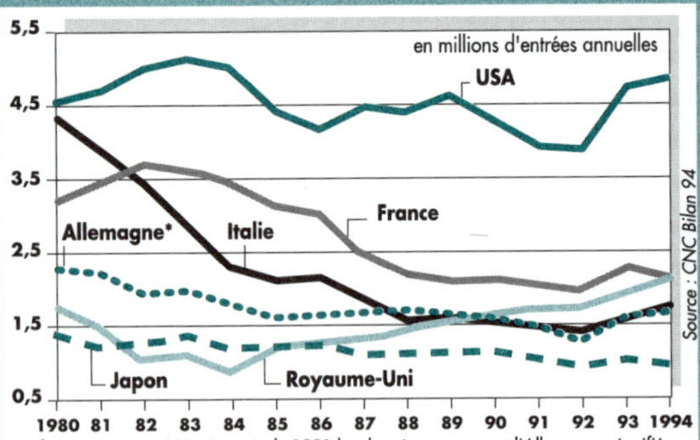

*RFA jusqu'en 1990. A partir de 1991 les données concernent l'Allemagne réunifiée.

« IL FAUT QUE CHAQUE PAYS ENTAME LE DIALOGUE AVEC DES DISTRIBUTEURS AMÉRICAINS POUR OBTENIR UNE PLUS LARGE DISTRIBUTION DE SES FILMS. POUR ÉVEILLER LE PUBLIC AMÉRICAIN À D'AUTRES GENRES DE CINÉMA. » CLINT EASTWOOD, *PREMIÈRE*, JUIN 1994.

cès d'un film (on pardonne un échec à un comédien, mais pas deux), ils atteignent des sommets toujours plus vertigineux. En 1993, une quinzaine d'acteurs ont été payés entre dix et quinze millions de dollars par film. Parmi eux : Eddie Murphy, Bruce Willis, Steven Seagal, Tom Cruise, Kevin Costner, Michael Douglas, Harrison Ford, Mel Gibson, Al Pacino...

ACTEURS 1995. 20 millions de dollars : Jim Carrey. De 17 à 20 : Sylvester Stallone. 18 : Mel Gibson. 16 : Bruce Willis. 15 : Tom Cruise, Harrison Ford, Tom Hanks, Arnold Schwarzenegger. Salaire syndical minimum pour un acteur : 504 dollars par jour.

ACTRICES 1995. 12 millions de dollars pour Demi Moore. 10 : Whoopi Goldberg. 9 : Julia Roberts. 7 : Michelle Pfeiffer ; Sharon Stone. 6 : Sandra Bullock ; Geena Davis ; Jodie Foster. 5 : Meg Ryan ; Barbra Streisand. (Source : *Studio*, septembre 1995).

RÉALISATEURS. Top cinq des réalisateurs qui touchent au moins 5 millions par film auxquels s'ajoute un pourcentage sur les bénéfices : Steven Spielberg (*La Liste de Schindler*), Robert Zemeckis (*Forrest Gump*), James Cameron (*True Lies*), Paul Verhoeven (*Showgirls*), Oliver Stone (*Tueurs nés*). ❑

20

millions de dollars, c'est ce que touche Jim Carrey pour *Cable Guy*. Pour *Ace Ventura détective, chiens et chats*, son premier film, Jim Carrey, alors inconnu, avait été payé 400 000 dollars. Après le triomphe du film et celui de *The Mask*, il avait empoché 7 millions de dollars pour son troisième film, *Dumb and Dumber*, et 10 pour *Batman forever*. Une progression spectaculaire.

120

millions de spectateurs pour *Autant en emporte le vent* de Victor Fleming en font le film le plus vu en salles à travers le monde.

Où ?

Hollywood prend parfois des allures de mère abusive. À l'époque de l'âge d'or, tous les films y sont tournés. Et si le scénario exige des extérieurs, une rue sombre, une piste d'atterrissage, un parc d'attractions, pas de problème ! Il suffit de tout construire en studio et le tour est joué. Le cinéma n'est-il pas aussi fondé sur l'illusion ? Mais quand le cinéma indépendant se développe, plus question de continuer avec les vieilles méthodes des studios. Les jeunes cinéastes des années 1970 filment à l'air libre au milieu de décors réels. Un choix économique, artistique et politique. Voir les films peut donner envie de passer derrière la caméra. Deux solutions : l'apprentissage sur le tas ou l'enseignement universitaire. Dans ce domaine, les facultés américaines sont particulièrement nombreuses. ❑

HOLLYWOOD

MAJORS
Columbia, fondée en 1924, rachetée en 1989 par Sony.
Fox, fondée en 1915, fusionne avec la 20th Century en 1935. Devient la 20th Century Fox, achetée par Marvin Davis en 1981, rachetée par Rupert Murdoch en 1985.
MGM (Metro Goldwyn Mayer), fondée en 1922, fusion de la Metro Pictures, de la Goldwyn Pictures Corporation et de la Louis B. Mayer Pictures, rachetée par Pathé Communications en 1990 puis vendue en 1993 à son principal créancier →,

HOLLYWOOD

LE CENTRE DU SEPTIÈME ART. En 1907, Francis Boggs tourne, pour la maison de production Selig, les extérieurs de son film *Le Comte de Monte-Cristo* en Californie, et plus précisément dans une petite ville appelée Hollywood. Il y trouve un climat agréable, une main-d'œuvre bon marché et des paysages magnifiques. Deux ans plus tard, il y réalise entièrement *The Heart of a Race Tout* et William Selig, patron de la Selig, décide d'y installer sa compagnie. Peu à peu tout ce qui compte dans le cinéma quitte New York pour Hollywood, qui devient le centre du septième art. Les Majors mettent alors en place la rationalisation des films, qui va de l'écriture du scénario à l'exploitation du film en salles, en passant par la réalisation et

VUE AÉRIENNE DES STUDIOS D'HOLLYWOOD

« JE SERAIS TRÈS HEUREUX DE NE JAMAIS JOUER DANS UN FILM : J'Y JOUE PARCE QUE, QUELQUEFOIS, ON ME PERMET ENSUITE DE FAIRE LA MISE EN SCÈNE. » ORSON WELLES, *LA POLITIQUE DES AUTEURS*, OUVRAGE COLLECTIF, CHAMP LIBRE, 1972.

la distribution. Les producteurs instaurent le système des contrats par lesquels comédiens et réalisateurs sont aux ordres des patrons pendant sept ans, durée minimale du contrat. Ainsi naît le star-system. Cette situation de monopole dure jusqu'en 1948 où la loi antitrust oblige les Majors à se séparer de leur parc de salles. Mais jusqu'à cette date ce sont les glorieuses années d'Hollywood, devenue plaque tournante du cinéma. Non seulement pour les réalisateurs et comédiens américains, mais aussi pour les Européens, qui, essentiellement pour fuir la guerre et le nazisme, viennent faire carrière en Californie comme Otto Preminger, Fritz Lang, Billy Wilder ou Robert Siodmak.

CRISE. Après 1948, plusieurs événements affaiblissent la toute-puissance du système hollywoodien. D'abord le maccarthysme qui brise la carrière de très nombreux acteurs, réalisateurs ou techniciens. Ensuite le succès de la télévision qui amène les réalisateurs à tourner de plus en plus souvent à l'extérieur et à se passer du confort douillet des studios. Enfin l'arrivée de nombreux auteurs-réalisateurs, John Huston, Joseph Mankiewicz, Samuel Fuller..., qui refusent de se plier aux

→ le Crédit Lyonnais.
Paramount, fondée en 1914, fusionne avec la Jesse L. Lasky Company et Famous Players Film Company. En 1966, elle est rachetée par le conglomérat Gulf and Western.
Universal, fondée en 1912, fusionne en 1946 avec International Pictures. Devient UIP, rachetée en 1990 par Matsushita.
Warner Bros, fondée en 1923, rachetée en 1989 par le groupe Time qui, en 1995, fusionne avec Ted Turner (Castle Rock New Line, CNN) et devient le plus puissant empire médiatique du monde.

exigences des Majors. Un refus définitivement entériné à la fin des années 1970 où, sous l'impulsion de la Nouvelle Vague européenne, les cinéastes d'alors, Francis Coppola, Martin Scorsese, George Lucas... préfèrent descendre filmer dans la rue. Et pour marquer leur différence, ils choisissent d'ailleurs plutôt New-York que Los Angeles : voir *Mean Streets* ou *Taxi Driver*. Mais, pour beaucoup, Hollywood continue de sonner comme un sésame à la caverne des rêves.

AILLEURS

ROAD MOVIE. Une large majorité des films américains, au moins jusqu'aux années 1960, est tournée à Hollywood où reconstruire en studio la jungle africaine ou les sommets de l'Himalaya ne fait peur à aucun décorateur. Mais, à partir des années 1960, le cinéma a la bougeotte. Ce n'est d'ailleurs pas innocent si le film phare du cinéma indépendant, *Easy Rider* (1969), est un *road movie*. Et les personnages du film qui s'offrent une virée d'Ouest en Est, de la Californie à La Nouvelle-Orléans, ont bel et bien Hollywood dans le dos.

BALTIMORE
Tous les films de John Waters, *Pink Flamingos, Female Trouble, Desperate Living, Polyester, Cry Baby, Serial Mother,* sont tournés à Baltimore, ville du cinéaste.

SEATTLE
Capitale de la mode grunge, Seattle est devenu le lieu de tournage des films grunge comme *Singles* de Cameron Crowe en 1992.

OUT
En 1958, plusieurs films à grand spectacle hollywoodiens se tournent à l'étranger : *Ben Hur* de William Wyler en Italie ; *Salomon et la Reine de Saba* de King Vidor à Saragosse ; *Au risque de se perdre* de Fred Zinnemann et *Les Racines du ciel* de John Huston en Afrique.

« EN 1960, QUAND J'ÉTAIS ÉTUDIANT EN CINÉMA, J'AI DÉCOUVERT *CITIZEN KANE*, QUI M'A APPRIS UNE NOUVELLE FAÇON DE REGARDER LES FILMS. MON SECOND CHOC FUT *SHADOWS* [...]. »
MARTIN SCORSESE, LES *CAHIERS DU CINÉMA*, MARS 1989.

NEW YORK. Tourner ailleurs qu'à Hollywood correspond à trois critères plus ou moins liés. Le premier est politique, pour ne pas dire symbolique. Quand, dans les années 1970, le cinéma indépendant devient véritablement important, les réalisateurs choisissent d'affirmer leur différence en s'éloignant géographiquement le plus possible de ce qui représente le cinéma de studio. Et rien n'est plus éloigné de Los Angeles que New York. Mais le choix new-yorkais n'est pas seulement dû à l'éloignement de la capitale californienne. Ce cinéma indépendant est en effet fortement influencé par l'Europe, et plus encore par la Nouvelle Vague française, Jean-Luc Godard, François Truffaut et le free cinéma britannique, Karel Reisz et Tony Richardson. Et New York semble une ville, sinon plus européenne, en tout cas plus cosmopolite que Los Angeles.

LA RUE. L'autre critère est esthétique. À l'image de *Mean Streets* (1973) ou de *Taxi Driver* (1976), descendre dans la rue et regarder ce qui s'y passe est un des mots d'ordre de ce cinéma indépendant. Fini les pavés reconstitués en studio, vive le réalisme et le vrai bitume.

SYNDICATS
After Hours de Martin Scorsese est représentatif de ce cinéma indépendant tourné à New York. Contrairement aux films des Majors sur lesquels les syndicats imposent souvent des équipes techniques importantes, alourdissant d'autant le coût de la production, *After Hours* est tourné avec des techniciens appartenant à d'autres syndicats que ceux travaillant pour les Majors.

DEAUVILLE
Tous les ans, du premier au deuxième week-end de septembre, se tient le Festival américain de Deauville. En avant-première : les *blockbusters* des Majors et une compétition de films indépendants. Promo 2 000, 36, rue Pierre-Perret, 92 200 Neuilly/ Seine, tél. (1) 46 40 55 00.

LIVRE
Un ouvrage essentiel pour tout savoir sur les universités américaines qui dispensent des cours de cinéma : *The Complete Guide to American Film Schools.* Le programme de chaque université y est détaillé : adresse, téléphone, diplôme décerné, type d'enseignement, équipement… Penguin Book (environ 75 F).

CINÉMA D'AUTEUR. Enfin, troisième critère, la notion d'auteur, notion encore une fois européenne puisque la politique des auteurs est un terme venu tout droit de la critique française. Sans juger de leurs qualités, Woody Allen ou Martin Scorsese, pour ne citer que deux des cinéastes importants de la fin des années 1970, ont en commun un univers, des obsessions, des thèmes majeurs qu'ils ne veulent ou ne peuvent exploiter que dans des lieux qu'ils connaissent. Et l'on voit mal en effet Woody Allen reconstituer Manhattan en studio pour y réaliser son film homonyme. Aujourd'hui la séparation n'est pas aussi nette. *Die Hard 3, une journée en enfer* (1995) se tourne à New York, et *Desperado* (1995) vient goûter au soleil californien. Mais si les lieux de tournage ont moins de portée symbolique qu'il y a vingt-cinq ans, il n'en reste pas moins que le cinéma indépendant, plus intellectuel, se décide à New York alors que le spectaculaire sort tout droit des bureaux d'Hollywood.

APPRENDRE

EN CALIFORNIE. The American Film Institute. 2021 N. Western Ave., Los

« Il est essentiel qu'un futur réalisateur possède une culture générale avant qu'il ne passe à la mise en scène. »
Paul Mazursky, réalisateur,
The Complete Guide to American Film Schools

Angeles, CA 90027, tél. (213) 856 7600 ; Stanford University. Stanford CA 94305-2050, tél. : (415) 723 2300 ; University of California-Los Angeles (UCLA). 405 Hilgard Ave., Los Angeles, CA 90024, tél. : (310) 825 4312 ; University of Southern California. University Park, Los Angeles, CA 90089-2111, tél. (213) 740 2311.

À NEW YORK. Columbia University. New York, NY 10027, tél. (212) 854 1754. New York University. Tisch School of the Arts, 721 Broadway, New York, NY 10003, tél. : (212) 998 1820.

DANS LE MASSACHUSETTS. Boston University. 640 Commonwealth Ave., Boston, MA 02215, tél. : (617) 353 2000 ; Massachusetts Institute of Technologie. 20 Ames ST., Cambridge, MA 02139, tél. : (617) 253 1000. Spécialisée dans les nouvelles technologies et les effets spéciaux.

Les universités les plus réputées dispensent toutes à peu près le même diplôme, et, contrairement aux universités françaises, possèdent un matériel de prise de vues très important. ❑

Ambassade des États-Unis, 2, avenue Gabriel, 75008, Paris, tél. (1) 43 12 22 22. Centre de documentation de l'ambassade : 2, rue Saint-Florentin 75001 Paris,tél. (1) 42 96 33 10.

American Center, 51, rue de Bercy, 75012 Paris, tél. (1) 44 73 77 77. 163, rue de Charenton, 75012, Paris, tél. (1) 43 42 26 00. Possibilité également de consulter l'American Center par minitel au 3615 ADC.

Glossaire

ACTEURS
Quelques acteurs ayant été élèves de l'Actors Studio: Marlon Brando, James Dean, Paul Newman, Steve McQueen, Robert De Niro, Dustin Hoffman, Al Pacino, Harvey Keitel.

HEROIC FANTASY
Films appartenant au genre : ***Willow*** de Ron Howard, ***Legend*** de Ridley Scott, ***Conan le Barbare*** de John Milius.

BIOPIC DE GANGSTERS
Baby Face Nelson dans *L'Ennemi public* de Don Siegel (1957) ; George Kelly dans*Mitraillette Kelly* de Roger Corman (1958) ; Legs Diamond dans *La Chute d'un caïd* de Budd Boetticher (1960)...

ACTORS STUDIO : école d'art dramatique fondée par Elia Kazan, Robert Lewis et Cheryl Crawford en 1947 dont la méthode d'enseignement est basée sur la compréhension des motivations d'un personnage à partir de l'étude de son passé ou de son cheminement psychologique.

BIOPIC : terme journalistique (contraction de *Biographic Picture*) créé par le magazine américain de cinéma *Variety* qui définit un film ayant comme sujet la vie d'un personnage réel.

BLAXPOITATION : mixage des termes *black* et *exploitation*. Terme employé à propos des films tournés et joués par des Noirs et produits par Hollywood dans les années 1970-1975.

BLOCKBUSTER : film qui comporte un gros potentiel au box-office (les films de Stallone, Schwarzenegger, Hanks, Ford...). Le terme n'est pas lié au succès ou à l'échec du film, mais uniquement à son potentiel.

HEROIC FANTASY : terme venu de la littérature et élargi au cinéma : genre de film où se mélangent le fantastique, la magie, le surnaturel.

« Tantôt le cinéma américain est la forme la plus inventive d'un art populaire et collectif ; tantôt il est le reflet et l'agent d'un impérialisme intolérable. » Jean-Louis Bourget, Christian Viviani, *Dictionnaire du cinéma*, Larousse, 1995.

MAJOR : société de production créée à l'époque d'Hollywood, qui produisait les films de A à Z (du scénario à l'exploitation). Les cinq Majors (The Big Five) de l'âge d'or sont : Paramount, Fox, MGM, Warner Bros et RKO.

MORPHING : opération qui consiste, grâce à l'ordinateur, à transformer un comédien en un autre comédien. Ou un visage en objet, etc.

NOVELISATION : principe qui consiste à écrire un livre à partir d'un scénario de film déjà tourné.

REMAKE : film basé et calqué sur un autre film déjà existant.

ROAD MOVIE : terme désignant un film qui se passe essentiellement sur la route. Les deux *road movies* les plus célèbres sont *Easy Rider* de Dennis Hopper et *Thelma et Louise* de Ridley Scott.

SEQUEL : suite de films ayant le même personnage pour héros : *Rocky, Rambo, Indiana Jones, Freddy, Vendredi 13, Halloween*...

THRILLER : sous-genre du film policier dont le point de vue est celui de la victime (*Le Fugitif*, Andrew Davis, 1994). ❑

BLAXPOITATION
Principaux films : *Cotton comes to Harlem* d'Ossie Davis (1970), *Shaft* de Gordon Parks (1972), *Buck the Preacher* de Sidney Poitier (1972), *Shaft in Africa* de John Guillermin (1974), *The Wiz* de Sidney Lumet (1978)...

REMAKES CÉLÈBRES
Scarface de Howard Hawks (1932) et de Brian De Palma (1983) ; *Le Facteur sonne toujours deux fois* de Pierre Chenal (1939), Luchino Visconti (1942), Tay Garnett (1946), Bob Rafelson (1980) ; *Le Carrefour de la mort* (1947) de Henry Hathaway et *Kiss of Death* de Barbet Schroeder (1995).

Dans la même collection :

1995

L'Abbé Pierre, Gilles Plazy – **L'Afrique du Sud**, Hadrian Alexander – **Le Chômage**, Armand Capocci – **Le Cinéma**, Éric Libiot – **La Drogue**, Michèle Diaz, Marc-Eden Afework – **Les Enfants dans le monde**, Laurence Digeon – **Génétique et éthique**, Catherine Allais – **Les Institutions européennes**, Frédéric Saint-Girons – **L'Islam**, Lofti Kaïdi – **Le Jazz**, Philippe Kœchlin – **Les Journalistes**, François Cazenave – **Les Juges**, Caura Barszcz – **Les Médecins humanitaires**, Isabelle Celerier – **Les Monarchies européennes**, Frédéric Saint-Girons – **L'ONU**, Pierre Seigneur – **La Palestine**, Alain Louyot – **Pasteur**, Paul Vincent – **Les Présidents de la République**, Pierre Seigneur – **Le Reggae**, Michèle Mira Pons – **Le Sida**, Vincent Olivier – **Les Sondages**, Élisabeth Guimbretière – **Les Systèmes électoraux**, Frédéric Saint-Girons – **L'URSS**, Grégoire Ader, Sylvie Leperre, Anna Porwitt.

À paraître en 1996

L'Argot, Pierrre Merle – **La Bande dessinée**, Didier Quella-Guyot – **Les Banlieues**, Jean Audouin et Antoine Loubière – **Le Basket NBA**, Christian Jauberty – **Le Blues**, Stéphane Kœchlin – **Les Femmes dans le monde**, Catherine Rigollet – **Les Francs-Maçons**, Alain Bradfer – **L'Irlande**, Marc Epstein – **La Littérature française**, Claudette Auger – **Le Multimédia**, Olivier Bellin – **La Photographie**, Gilles Plazy – **La Yougoslavie**, Louis Bosc.

Conception graphique : Anne Brézignac
Couverture : Alain Blaise
Secrétariat d'édition : Chantal Bouvÿ
Illustrations : Manuel Aranjo
Infographie : WaG

ISBN 2.01.291589.2 - 29.44.1589.01.0
Dépôt légal 1669 - février 1996
Imprimé en France par I.M.E. à Baume-les-Dames